TERESA MONTERO

O RIO DE CLARICE

PASSEIO **AFETIVO** PELA CIDADE

1ª REIMPRESSÃO

autêntica

ROTEIRO
DOS CAMINHOS
CLARICIANOS

- 13   Tijuca
- 29   Centro
- 43   Catete
- 55   Botafogo
- 73   Cosme Velho
- 81   Jardim Botânico
- 97   Leme
- 163   Cronologia
- 167   Referências

- 179   Por que *O Rio de Clarice*?
  Entrevista com Teresa Montero por Vera Barroso
- 185   **Agradecimentos**

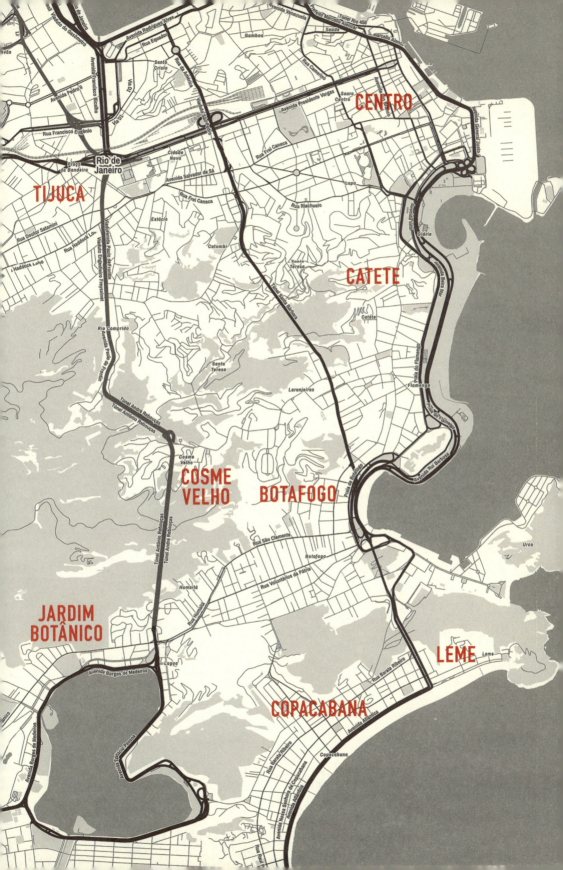

À Nossa Senhora do Carmo e à Nossa Senhora de Copacabana, padroeiras de "O Rio de Clarice".

À Clarice Lispector, que me fez amar o Rio de Janeiro. Um exemplo de coragem e integridade; um divisor de águas em minha vida.

Aos meus pais, Paulo e Jurema, que em seu breve tempo de passagem pelo mundo me deixaram como herança a fé, a solidariedade e o amor pelo Rio de Janeiro.

TIJUCA

1. Rua Lúcio de Mendonça
2. Rua Mariz e Barros
3. Colégio Sylvio Leite
4. Floresta da Tijuca
5. Restaurante Os Esquilos
6. Açude da Solidão
7. Feira de São Cristóvão
8. Jardim Zoológico

Clarice vivia os sobressaltos da adolescência, dividida entre os estudos e as aulas particulares de português e matemática.

FOI NA TIJUCA, onde os jesuítas instalaram grandes engenhos de açúcar no século XVI, que a família Lispector fixou residência quando chegou ao Rio de Janeiro em 1935, depois de ter morado provisoriamente no Flamengo e em São Cristóvão.

O bairro não abrigava mais nem os engenhos de açúcar nem as plantações de café do período colonial. As chácaras haviam desaparecido e as ruas, abertas com a chegada da Estrada de Ferro da Tijuca, já não eram mais as mesmas.

Quando Pedro Lispector e suas filhas Clarice e Tânia (Elisa veio mais tarde) foram morar numa vila com quatro casas na rua Lúcio de Mendonça, n.º 36 B, casa 3, a única construção remanescente daquele período era a igreja São Francisco Xavier, edificada pelos jesuítas.

Nessa época, era comum as famílias de classe média residirem em vilas nas ruas São Francisco Xavier e Professor Gabizo, onde se viam casas em centro de terreno com quintal.

A Lúcio de Mendonça era uma rua arborizada, com casas muito bonitas, onde o leiteiro oferecia sua mercadoria num galão, num simples abrir e fechar da torneira. Era uma Tijuca de vacas gordas. Sim, porque se Clarice caminhasse até a rua Professor Gabizo, poderia beber o leite tirado diretamente de duas vacas que moravam ali.

Era um tempo em que se jogava futebol na rua, pois quase não passavam carros, e o sorvete de casquinha era a iguaria mais desejada pela garotada. A poucos metros da Lúcio de Mendonça ficava o ponto do bonde, na esquina da rua Mariz e Barros com a Professor Gabizo. O ônibus era o outro meio de transporte disponível.

Clarice vivia os sobressaltos da adolescência dividida entre os estudos e as aulas particulares de português e matemática. Para colaborar com as despesas de casa, chegou a pôr um anúncio no jornal.

Havia três colégios próximos da rua Lúcio de Mendonça: o Militar, o Nacional e o Sylvio Leite. Como o Colégio Pedro II não aceitava alunos transferidos de outra cidade, Clarice e sua irmã Tânia foram matriculadas no Sylvio Leite, onde cursaram o quarto e o quinto ano da série ginasial, concluído em 1936.

Clarice ia ao colégio com Tânia e, às vezes, com José Rosenthal, seu vizinho e colega de turma. Iam "de mãos dadas", naqueles tempos "sinal de namorico", segundo o irmão de José, Israel Rosenthal.

Como desde pequena se mostrava reivindicadora dos direitos das pessoas, o pai lhe disse que seria advogada. Foi o estímulo para escolher o curso de Direito, pois assim poderia desenvolver seu projeto de reformar as penitenciárias. Por isso, se justifica seu ingresso no curso preparatório para a faculdade, o complementar da Nacional de Direito da Universidade do Brasil, em 1937.

O deslocamento da Tijuca ao Catete era feito de bonde, o mesmo eternizado no carnaval de 1937 na marchinha "Seu condutor", de Alvarenga, Ranchinho e Herivelto Martins:

> Seu condutor dim, dim
> Pare o bonde pra descer o meu amor
> E o bonde Tijuca me deixa em sinuca

Clarice e Adahyl de Matos, seu colega da faculdade de Direito, tomavam o bonde na rua Mariz e Barros, iam até a praça Tiradentes e de lá pegavam outra condução rumo ao Catete.

Mas, contrariando os versos da marchinha, ela não cuidava das coisas do coração; estudava para a prova.

Clarice e Elisa Lispector se mudaram da Tijuca quando o pai faleceu, em 26 de agosto de 1940, após uma cirurgia para extrair a vesícula. Foram morar no Catete com Tânia, o cunhado William Kaufmann e a sobrinha Marcia. A essa altura, as irmãs eram funcionárias públicas, Elisa no Ministério do Trabalho e Tânia no Instituto de Aposentadorias e Pensões dos Industriários (IAPI).

Os cinco anos em que morou na Tijuca deixaram marcas em seus textos, particularmente a natureza exuberante, um símbolo do bairro representado pela Floresta da Tijuca, cartão postal da cidade e cenário dos romances de José de Alencar.

Amante da natureza, Clarice inseriu o casal Lóri e Ulisses, de Uma aprendizagem ou o livro dos prazeres (1969), no belo cenário da Floresta, cujas árvores descreveu como "enormes, encipoadas, cobertas de parasitas".

Um painel de Humberto Franceschi, a quem pediu uma cópia de presente após vê-lo na parede de uma repartição pública, fascinou-a a ponto de mantê-lo em sua sala. Compartilhou com os leitores do Jornal do Brasil, em 1970, a alegria que o Açude da Solidão (recanto da Floresta retratado pelo fotógrafo) lhe provocou:

[...] ele ocupará uma grande parte de uma parede – e de onde trabalharei poderei vê-lo, o meu Açude da Solidão. Mas é uma solidão que dá amplitude a quem a vê, aquela tão profunda que já não se chama solidão, chama-se ficar sozinho com Deus. Amplitude, profunda tranquilidade, grandeza da terra em que vivemos, sem no entanto cair na facilidade da grandiloquência. É um painel de amor à natureza de nossa terra, como se fosse ainda não habitada pelos humanos, fosse habitada por pássaros e brisa nas folhas. É também um painel de amor ao homem, filho da Natureza, cuja solidão Humberto de Morais Franceschi sente.

E completou:

O painel ocupará um lugar todo especial na casa. E é meu! Nele, no meu açude, me banho toda.
(Clarice Lispector, "Humberto Franceschi")

Mesmo depois de ter fixado residência no Leme, os bairros adjacentes à Tijuca passaram a fazer parte de seus passeios na cidade. Segundo a amiga Olga Borelli, Clarice ia especialmente a três lugares: o Parque Nacional da Tijuca, onde está localizada a Floresta da Tijuca, no Alto da Boa Vista; o Jardim Zoológico e a Feira de São Cristóvão (ou dos nordestinos), os dois últimos em São Cristóvão.

À Floresta ia aos domingos quando o tempo estava nublado. Gostava de percorrê-la de carro no banco do carona observando tudo, e seu lugar preferido não é difícil adivinhar: o Açude da Solidão.

De São Cristóvão, seria pouco dizer simplesmente que era ali o cenário do conto "Mistério em São Cristóvão", publicado em *Laços de família* (1960). No zoológico do bairro apreciava sobretudo a girafa e vivia profundamente aquele instante como só acontece entre "bichos e homens". Em 20 de março de 1971, Clarice já escrevera no *Jornal do Brasil*: "não ter nascido bicho parece ser uma de minhas secretas nostalgias".

Foi na Zona Norte, na Feira dos Nordestinos, berço de suas raízes no Recife, que se inspirou para compor Macabéa e Olímpico, protagonistas de seu último romance *A hora da estrela* (1977).

Foi também em São Cristóvão, onde morou algumas semanas em parte dos cômodos de uma casa cujo endereço é desconhecido, que a adolescente Clarice, recém-chegada ao Rio de Janeiro, começou a exercitar sua precocidade para sentir um ambiente ou apreender a atmosfera íntima de uma pessoa.

Há 27 anos morando no Rio, mas, como ela dizia, "com o Recife todo vivo dentro de mim", Clarice captou na São Cristóvão dos anos 1970 "o ar meio perdido do nordestino no Rio de Janeiro". O resultado? *A hora da estrela*, uma história que "acontece em estado de emergência e calamidade pública."

Na Zona Norte, onde começaram os primeiros Caminhos Claricianos na cidade, fechou-se seu ciclo ficcional com a narrativa de Rodrigo S. M. e sua anti-heroína Macabéa.

Caminhos Claricianos
na Tijuca e adjacências

1 RUA LÚCIO DE MENDONÇA

Escritor e jornalista, Lúcio de Mendonça propôs a fundação da Academia Brasileira de Letras. O primeiro presidente da instituição, Machado de Assis, escreveu o prefácio de seu livro de estreia de poemas.

Nessa rua se deu a formação do movimento Musicanossa (1967), um resgate da bossa nova pelas mãos do maestro Hugo Bellard e do jornalista Armando Henrique. A iniciativa foi bem-sucedida e conseguiu reunir a turma da bossa nova em encontros e shows. A vila em que Clarice residiu, no número 36 desta rua, foi demolida. Atualmente, este número corresponde ao Edifício D'Ávila.

2 RUA MARIZ E BARROS

A rua Nova do Imperador teve seu nome alterado, em 1917, para homenagear o capitão-tenente da Marinha do Brasil, Antônio Carlos de Mariz e Barros. Os Lispector chegaram a morar algumas semanas no número 341 dessa rua, em parte dos cômodos de uma casa, antes de se mudarem para a rua Lúcio de Mendonça.

3 COLÉGIO SYLVIO LEITE

Rua Mariz e Barros, n.º 258, Tijuca.

Fundado em 1914 pelo professor e diretor Sylvio Leite, em poucos anos esse tradicional estabelecimento de ensino do Rio de Janeiro se expandiu e incorporou o prédio da esquina da rua Ibituruna até chegar próximo ao Asilo Isabel. Em 1942, a sede da Mariz e Barros foi extinta. A filial do colégio na rua Aquidabã, n.º 281, na Boca do Mato, foi vendida em 1948.

Plínio Leite deu continuidade ao legado do pai ao fundar o Colégio Plínio Leite, cuja sede se localiza em Niterói.

4 FLORESTA DA TIJUCA
Estrada da Cascatinha, n.º 850, Alto da Boa Vista.

A maior floresta urbana do mundo é um dos quatro setores em que se divide o Parque Nacional da Tijuca. Dispõe de área de lazer, trilhas e espaços para a prática de esportes. Em 1961, foi criado o Parque Nacional da Tijuca do Rio de Janeiro, reunindo as áreas da Floresta da Tijuca, Paineiras, Corcovado, Gávea Pequena, Trapicheiro, Andaraí, Três Rios e Covanca.

Por ter sido uma área cobiçada para a extração de madeira e a monocultura do café, acabou gerando problemas ambientais que afetaram o abastecimento de água na cidade do Rio de Janeiro. O problema se agravou tanto que, em 1861, Dom Pedro II desapropriou as chácaras e fazendas para promover o reflorestamento sob o comando do major Archer e seus escravos.

Em 2012, a Floresta da Tijuca recebeu da Unesco o título de Patrimônio Mundial como Paisagem Cultural Urbana.

Olha, eu gosto de ir à Floresta da Tijuca, de ir ao Jardim Botânico, de um bom filme.
(Entrevista com Clarice Lispector por Sérgio Fonta)

5 RESTAURANTE OS ESQUILOS
Estrada da Cascatinha, s./n., Alto da Boa Vista.

Inaugurado pelo italiano Hugo Busca em 1945, o imóvel originalmente foi residência do barão d'Escragnolle, administrador da Floresta da Tijuca. No entanto, em razão das transformações sofridas ao longo do tempo, pouco restou da planta original. Nos anos 1940, foi erguido o restaurante a partir das ruínas dessa residência, graças à revitalização da Floresta da Tijuca realizada pelo mecenas Raymundo Ottoni de Castro Maya.

Como Clarice frequentava o restaurante, tudo leva a crer que ali é que se dá o encontro do casal Ulisses e Lóri de *Uma aprendizagem ou o livro dos prazeres*, num almoço de sábado em pleno inverno.

Era Ulisses e ele perguntava se ela não queria almoçar na Floresta da Tijuca. [...] Em silêncio rodaram pelas ruas até atingirem a floresta, cujas árvores estavam mais vegetais que nunca, enormes, encipoadas, cobertas de parasitas. E, quando a densidade orgânica das plantas e capim alto e árvores mais pareceu se fechar, chegaram a uma clareira onde estava o restaurante, iluminado por causa da escuridão do dia.

Eles ainda não se haviam falado. Ele levou-a para um salão onde havia uma lareira acesa, enquanto ia encomendar o almoço na sala do restaurante.

(Clarice Lispector, *Uma aprendizagem ou o livro dos prazeres*)

6 AÇUDE DA SOLIDÃO
Estrada do Bom Retiro, n.º 1768, Alto da Boa Vista.

Foi batizado assim por causa do amor de um pai por seu filho. O barão do Bom Retiro, Ministro dos Negócios do Império, era o proprietário do lugar quando seu filho morreu na Guerra do Paraguai (1864-1870). Desde então, o barão se refugiava no lago de sua casa para chorar a morte do rapaz. Sua residência ficou conhecida como A Solidão, e o lago da casa, como o Açude da Solidão.

Durante a revitalização da Floresta da Tijuca, coordenada por Raymundo Ottoni de Castro Maya, o paisagista Roberto Burle Marx transformou o local, uma antiga represa sujeita à poluição, em um lago com uma ilhota no centro.

7 FEIRA DE SÃO CRISTÓVÃO
Campo de São Cristóvão, s./n., São Cristóvão.

A origem da feira, iniciada em 1945 ao redor do Campo de São Cristóvão, foi no ponto final dos caminhões do qual desembarcavam os nordestinos que vieram tentar a vida no Rio. Esse local de contratação de mão de obra de migrantes nordestinos, e ponto de encontro dos conterrâneos, naturalmente gerou festas regadas à comida típica e muita música.

Concebido para abrigar a Exposição Internacional de Indústria e Comércio durante o governo Juscelino Kubitschek (1956-1961), o pavilhão foi projetado pelo arquiteto Sérgio Bernardes e inaugurado em 1962.

Em 2003, o antigo pavilhão foi reformado pela Prefeitura do Rio e transformado no Centro Municipal Luiz Gonzaga de Tradições Nordestinas.

Ela se encantava com as barracas e com os cantadores de viola, que depois imitava, rindo muito. E não deixava de pedir algum prato típico, além de sempre comprar melado e beiju.
(Olga Borelli, *Clarice Lispector: esboço para um possível retrato*)

8 JARDIM ZOOLÓGICO
Parque da Quinta da Boa Vista – Rua do Parque, s./n., São Cristóvão.

Foi inaugurado em 18 de março de 1945, pelo presidente Getúlio Vargas (1930-1945), no parque da Quinta da Boa Vista, residência da Família Real Portuguesa e da Família Imperial Brasileira, junto ao Museu Nacional. Transformado, em 1985, na Fundação Jardim Zoológico da Cidade do Rio de Janeiro, tornou-se um respeitado centro de pesquisas e educação ambiental.

E uma vez os dois foram ao Jardim Zoológico, ela pagando a própria entrada. Teve muito espanto ao ver os bichos. Tinha medo e não os entendia: por que viviam? Mas quando viu a massa compacta, grossa, preta e roliça do rinoceronte que se movia em câmara lenta, teve tanto medo que se mijou toda.
(Clarice Lispector, *A hora da estrela*)

Sérgio Augusto – Você concorda em que bicho é melhor do que gente?
Clarice – Domingo eu fui ao Jardim Zoológico. É uma coisa maravilhosa!
[...]
Jaguar – Qual o bicho que você curtiu mais?
Clarice – A girafa.
(Entrevista com Clarice Lispector para *O pasquim*)

CENTRO

1. Praça Mauá
2. Edifício A Noite
3. Rua Primeiro de Março
4. Palácio Tiradentes
5. Rua Dom Manuel
6. Palácio da Justiça
7. Pretório da Justiça
8. Rua Moncorvo Filho
9. Universidade do Brasil

Na biblioteca de aluguel da rua Rodrigo Silva, esquina com a rua da Assembleia, Clarice escolhia livros pelos títulos misturando romances para mocinhas com Dostoiévski. Ao se deparar com *O lobo da estepe*, de Hermann Hesse, brotou com toda a força criativa um conto que não tinha fim. O texto foi destruído, mas Clarice teve a certeza de que seria uma escritora.

QUANDO CLARICE LISPECTOR desembarcou no porto do Rio, em 1935, é bem possível que tenha ficado fascinada ao ver a baía de Guanabara. Cercada de belos edifícios como o palacete de Dom João VI, chamava a atenção na praça Mauá o recém-inaugurado Edifício A Noite (1929), um marco da arquitetura brasileira, o primeiro arranha-céu da América Latina.

Em 1942, sete anos após sua chegada, Clarice retornou à praça Mauá para trabalhar como jornalista no terceiro andar deste imponente edifício. E foi justamente a editora do jornal *A Noite* a responsável por lançar seu primeiro romance, *Perto do coração selvagem* (1943), título sugerido pelo escritor Lúcio Cardoso.

Da janela do A Noite, além da baía de Guanabara, podia-se acompanhar o vai e vem da avenida Rio Branco, a mais importante do Centro, e apreciar a estátua do barão de Mauá, de Rodolfo Bernardelli, um mestre da escultura que influenciou tantos artistas brasileiros.

Ao admirar tão imponente monumento, quem sabe Clarice imaginou que um dia seria esculpida em bronze tal como o barão, mas seu temperamento era mais inclinado ao autorretrato: sua paixão pelas artes plásticas a levou a ser retratada por De Chirico, Ceschiatti e Carlos Scliar. O que Clarice não podia imaginar é que o escultor Bernardelli despertaria a paixão pela arte de esculpir em Edgar Duvivier, o pai daquele que a imortalizaria em bronze 81 anos após a sua chegada à cidade.

Em cinco séculos, a praça Mauá – que nos tempos da colonização era chamada de largo da Prainha – passou por muitas transformações, e só com a urbanização promovida pelo prefeito Pereira Passos (1902-1906), na primeira década do século XX, adquiriu o estilo *belle époque* que Clarice viu quando chegou.

O Centro foi palco de algumas das mais importantes decisões e eventos da história do país, sede administrativa da Colônia desde 1763 e do Distrito Federal até 1960, quando a capital foi transferida para Brasília.

O mesmo se pode dizer em relação à trajetória da ucraniana Clarice Lispector entre os anos 1940 e 1943. Basta recordar três momentos de destaque neste trecho do roteiro: a audiência de sua naturalização, em 1942, no Palácio da Justiça, quando adotou a nacionalidade brasileira; sua trajetória de jornalista em *A Noite* e na Agência Nacional; e o curso de Direito na Universidade do Brasil.

Como se isso não bastasse para tornar o Centro um bairro especial em seus caminhos pela cidade, nele também se deu o encantamento por um livro que mudaria sua vida. Na biblioteca de aluguel da rua Rodrigo Silva, esquina com a rua da Assembleia, Clarice escolhia livros pelos títulos misturando romances para mocinhas com Dostoiévski. Ao se deparar com *O lobo da estepe,* de Hermann Hesse, brotou com toda a força criativa um conto que não tinha fim. O texto foi destruído, mas Clarice teve a certeza de que seria uma escritora.

Bem próxima da rua Rodrigo Silva estava a rua Primeiro de Março, onde se localizava a Agência Nacional, distribuidora de notícias subordinada ao Departamento de Imprensa e Propaganda (DIP). Nesse endereço, Clarice ingressou no jornalismo. Contratada como tradutora em 1940, acabou assumindo também as funções de redatora e repórter. Na Agência Nacional, conviveu com jornalistas e escritores veteranos, como José Condé, Antonio Callado e o romancista Lúcio Cardoso.

Se a ligação com Lúcio Cardoso foi marcada por uma forte paixão não correspondida, nada parece ter sido tão importante para ela do que a amizade dele, fundamental para estimulá-la a publicar *Perto do coração selvagem.*

Da Agência Nacional foi para o jornal *A Noite,* em 1942, e lá dividiu com Francisco de Assis Barbosa (o Chico Barbosa), em passeios a Niterói e Paquetá, a paixão pela literatura: de Manuel Bandeira a Murilo Mendes, passando por Carlos Drummond de

Andrade, Augusto Frederico Schmidt e Cecília Meireles, sua preferida segundo Chico Barbosa.

Foi seu primeiro registro profissional na carteira de trabalho, e seu salário mensal era seiscentos mil-réis. Única mulher na redação, encantava os colegas com sua beleza, sua voz suave e suas muitas risadas: parecia estar de bem com a vida. Muito querida por todos, contou com um movimento dos colegas de *A Noite* para convencer a editora do jornal a publicar seu romance de estreia.

No Centro, Clarice viveu um período de total ebulição, como só é possível aos vinte anos. O jornalismo a levou para a literatura e as novas amizades impulsionaram a publicação de pelo menos quatro de seus onze contos escritos até então, alguns na revista *Vamos Lêr!*, pertencente ao grupo *A Noite* e situada no mesmo andar do jornal.

Totalmente absorvida pela literatura, ainda se esforçou para cursar Direito na Universidade do Brasil, chegando até a colaborar na revista dos alunos com um texto sobre questões do universo jurídico. E nesse canto do Centro, localizado na praça da República, na rua Moncorvo Filho, o que mais a marcou foi ter conhecido o futuro marido e pai de seus filhos, Maury Gurgel Valente.

O ano 1944 apontaria os passos de Clarice nas décadas seguintes. Após renunciar à nacionalidade russa e abraçar a brasileira em uma audiência no Palácio da Justiça, em 1942, no ano seguinte casou-se com o diplomata Maury Gurgel Valente. Despediu-se dos caminhos do Rio de Janeiro para, entre 1944 e 1949, residir em Belém, Nápoles e Berna, acompanhando os deslocamentos profissionais do marido.

O retorno à cidade se deu em junho de 1949, quando fixou residência na Zona Sul, no Flamengo, até se mudar mais uma vez para o exterior.

Clarice retornou três vezes à praça Mauá ao desembarcar no Rio entre os anos 1940 e 1950. Nas duas primeiras, veio de Nápoles e Berna; na terceira, estava de saída para os Estados Unidos, a caminho de Nova York. Mas foi através da ficção que seu olhar sobre o Centro ficou registrado.

O cabaré Erótica é o cenário do conto "Praça Mauá", publicado em *A via crucis do corpo* (1974). É o local de trabalho de Carla, nome de guerra de Luísa, uma prostituta casada, linda e triste, humilhada por Celsinho, seu colega da noite, que não a considera "mulher de verdade" por não saber fritar um ovo.

Nesta praça Mauá já não se ouvia mais o barulho das rotativas de *A Noite*, nem os grandes ídolos da MPB no auditório da Rádio Nacional. Clarice captou a decadência da região portuária, inviável para o comércio, e o turismo pujante de outras décadas, transformada em zona de prostituição e de consumo de drogas.

O Centro retornou com grande destaque à sua literatura no final dos anos 1970. A nordestina Macabéa, de *A hora da estrela* (1977), sua última personagem, morava na rua do Acre, por onde Clarice passou tantas vezes rumo ao trabalho no jornal *A Noite*.

Macabéa "morava numa vaga de quarto compartilhado com mais quatro moças balconistas das Lojas Americanas. O quarto ficava num velho sobrado colonial da áspera rua do Acre entre as prostitutas que serviam a marinheiros, depósitos de carvão e de cimento em pó".

As descrições do narrador de *A hora da estrela* em nada lembram a esplendorosa e chique praça Mauá dos anos 1940: retratam os gordos ratos da rua do Acre, os verões sufocantes da abafada rua e a passarinhada buliçosa da madrugada.

A inclusão dessa parte da cidade em seu último romance e as referências ao cais do porto parecem ser uma evidência do quanto o local a marcou.

Rua do Acre para morar, rua do Lavradio para trabalhar, cais do porto para ir espiar no domingo, um ou outro prolongado apito de navio cargueiro que não se sabe por que dava aperto no coração, um ou outro delicioso embora um pouco doloroso cantar de galo.

(Clarice Lispector, *A hora da estrela*)

Caminhos Claricianos no Centro

1 PRAÇA MAUÁ

Urbanizada após a reforma do prefeito Pereira Passos (1902-1906), seu nome é uma homenagem ao barão de Mauá. Junto à praça está o porto do Rio, construído entre 1904 e 1918. A praça passou por um processo de revitalização, de 2012 a 2015, realizado pela prefeitura em parceria com o projeto Porto Maravilha e administrado pela Companhia de Desenvolvimento Urbano da Região do Porto (CDURP) do Rio de Janeiro.

Destacam-se no local, onde ainda existe o Edifício A Noite, a Estação Terminal de Passageiros do porto e o edifício Príncipe Dom João. Este último, construído em 1812, abrigou a antiga Inspetoria dos Portos. Atualmente, é um dos edifícios que compõem o Museu de Arte do Rio (MAR), inaugurado em 2012. Completando a paisagem está o Museu do Amanhã, inaugurado em dezembro de 2015.

2 EDIFÍCIO A NOITE

Praça Mauá, n.º 7, Centro. Atualmente, o prédio encontra-se fechado. O proprietário do imóvel é o Instituto Nacional da Propriedade Industrial (IAPI).

Inaugurado no dia 7 de setembro de 1929, foi tombado pelo Instituto do Patrimônio Histórico e Artístico Nacional (IPHAN) em abril de 2013. No terreno desse edifício, em 1884, funcionava a sede do Liceu Literário Português.

O projeto do A Noite foi feito pelo francês Joseph Gire, o mesmo do Copacabana Palace, do Palácio Laranjeiras e do Hotel

Glória, e teve como colaborador o arquiteto brasileiro Elisiário da Cunha Bahiana.

Iniciada em 1927, a construção do edifício de 23 andares foi um marco na arquitetura brasileira. De estilo clássico ao gosto *art déco*, tornou-se o primeiro arranha-céu da cidade.

Foi sede do jornal *A Noite* (fundado por Irineu Marinho e mais treze funcionários) a partir da gestão do jornalista Geraldo Rocha.

O prédio também ficou muito conhecido por abrigar, no quarto andar, a Rádio Nacional. Inaugurada em 12 de setembro de 1936, tornou-se um polo de difusão da música popular brasileira e introdutora da radionovela *Em busca da felicidade* (1941), do cubano Leandro Blanco, adaptada por Gilberto Martins.

Quando Clarice trabalhou no jornal, o Estado já havia assumido o controle de *A Noite* e da Rádio Nacional, então pertencente a um grupo estrangeiro proprietário da Estrada de Ferro São Paulo – Rio Grande.

3 RUA PRIMEIRO DE MARÇO

A rua mais antiga da cidade, a rua Direita originalmente ligava o largo da Misericórdia ao morro de São Bento.

Em 1875, passou a se chamar Primeiro de Março em homenagem à vitória aliada na Batalha de Aquidabã (1870), que pôs fim à Guerra do Paraguai.

4 PALÁCIO TIRADENTES

Rua Primeiro de Março, s./n., Praça XV, Centro. Atual Assembleia Legislativa do Estado do Rio de Janeiro (ALERJ).

Originalmente foi a sede do Parlamento Imperial, que abrigava, em seu piso inferior, a chamada Cadeia Velha, onde esteve preso Tiradentes enquanto aguardava a execução em 21 de abril de 1792. Demolido em 1922, foi construído em seu lugar o Palácio Tiradentes, projetado em estilo eclético por Archimedes Memoria e Francisco Cuchet, cuja inauguração ocorreu em maio de 1926.

O prédio tornou-se a sede do Congresso Nacional entre 1929 e 1960, e só teve os trabalhos legislativos suspensos após a decretação do Estado Novo (1937-1945), período da ditadura Vargas. Foi então que a Agência Nacional, distribuidora de notícias do DIP passou a funcionar no local, período em que Clarice trabalhou, entre os anos de 1940 e 1941.

Com a mudança da capital federal para Brasília, em 1960, o Palácio tornou-se a sede da Assembleia Legislativa do Estado da Guanabara. Em 1975, quando a Guanabara se fundiu com o Estado do Rio de Janeiro, o Palácio passou a abrigar a ALERJ.

5 RUA DOM MANUEL

A praia que nela existiu foi cenário de fatos de grande relevância na história do Rio de Janeiro. Anchieta, Nóbrega e Mem de Sá molharam seus pés nessas águas nos dias da fundação da cidade, ensina o escritor Brasil Gerson. Pouco a pouco transformada em rua da praia Dom Manuel e rua Dom Manuel, nela tivemos as primeiras padarias de pão de trigo da cidade; os primeiros quiosques para a venda de jornais, livros, cigarros e loterias; e, para alguns folcloristas, o jogo da capoeiragem em meio ao mercado de aves que ocorria no local. No Teatro São Januário aconteciam os bailes de máscaras, sinal do moderno carnaval chegando no Brasil Imperial.

6 PALÁCIO DA JUSTIÇA

Rua Dom Manuel, n.º 29, Centro. Atual Centro Cultural do Poder Judiciário do Rio de Janeiro (CCPJ-Rio). Criado em março de 2009.

Inaugurado em 6 de novembro de 1926 para sediar a Corte de Apelação, foi o tribunal da mais elevada instância do Poder Judiciário na época. Em 1937, com a instauração do Estado Novo, passou a abrigar o Tribunal de Apelação. Em 10 de abril de 1942, no quinto andar, na sala de audiências da Vara de Registros Públicos, Clarice Lispector leu o artigo 35 da Constituição Federal, declarando renunciar à nacionalidade russa e adotar a brasileira.

O Palácio da Justiça ostenta em suas linhas arquitetônicas o estilo eclético classicizante, com tendências ao neorrenascentismo italiano do final do século XIX. Passou por significativa restauração e reforma em 1940, quando ganhou elementos decorativos como os vitrais de Gastão Formenti.

Com a transferência da capital da República para Brasília em 1960, instalou-se ali o Tribunal de Justiça do Estado da Guanabara. Em 1975, com a fusão dos estados da Guanabara e do Rio de Janeiro, o edifício passou a ser sede do Tribunal de Alçada do Estado do Rio de Janeiro, mais tarde denominado II Tribunal de Alçada e, finalmente, em 1985, Tribunal de Alçada Criminal do Estado do Rio de Janeiro (TACRIM).

Mesmo com a extinção dos Tribunais de Alçada do Estado em 1997, manteve-se no palácio a estrutura necessária para o funcionamento do Primeiro Tribunal do Júri, que só veio a ser desativado em 2008, quando se iniciaram as obras de reforma e restauro do edifício.

7 PRETÓRIO DA JUSTIÇA
Rua Dom Manuel, n.º 15, Centro. Atual Museu Naval.

Inaugurado em 11 de junho de 1900, foi projetado pelo capitão de mar e guerra Francisco Corrêa Câmara e construído com a finalidade de ser a sede própria do Clube Naval.

Sede do Ministério da Educação e Saúde Pública, foi cedido em 1934 ao Ministério da Justiça para abrigar o Tribunal Regional Eleitoral e, em 8 de dezembro de 1938, tornou-se o "Pretório" da Justiça do Distrito Federal.

Nesse prédio, Pedro Lispector solicitou uma audiência ao promotor de justiça para obter uma justificação de idade de sua filha Clarice. De posse desse documento, ela poderia provar sua idade, filiação e naturalidade. Clarice tinha, então, dezoito anos, e compareceu à audiência em 6 de outubro de 1939 com o pai e duas testemunhas.

8 RUA MONCORVO FILHO

Antiga rua das Boas Pernas, pois estas eram essenciais para atravessar o areal que existia ali. Posteriormente denominada rua do Areal, em 1884 passa a se chamar rua Barão de Paranapiacaba, título de nobreza do conselheiro João Cardoso de Menezes, cotradutor de obras poéticas clássicas com Dom Pedro II. Em 1921, torna-se rua Moncorvo Filho em homenagem ao médico e professor Carlos Artur Moncorvo de Figueiredo Filho.

9 UNIVERSIDADE DO BRASIL

Rua Moncorvo Filho, n.º 8, Centro. Conhecida como largo do Caco, na praça da República.

Criada em 7 de setembro de 1920 com o nome de Universidade do Rio de Janeiro, em 1937 passou a se chamar Universidade do Brasil. Desde 1965, tornou-se a Universidade Federal do Rio de Janeiro (UFRJ).

A turma de Clarice inaugurou o curso de Direito da UFRJ na nova sede na praça da República. Havia três turnos, e Clarice estudava à tarde. Ao longo do curso, ela publicou dois artigos na revista *A Época* (1941), organizada pelos alunos da Faculdade de Direito: "Observações sobre o direito de punir" e "Deve a mulher trabalhar?".

Originalmente, o prédio foi um palacete no estilo colonial, com dois pavimentos, onde residiu o conde dos Arcos, então vice-rei do Brasil. Comprado pelo Governo Imperial, recebeu obras de adaptação para a instalação de mais um pavimento para abrigar o Senado do Império, que chegou em 1826 e ali permaneceu até o início da República, em 1906.

Como sede do Senado, foi neste local que Feijó prestou juramento como regente e, Dom Pedro II, como imperador. De sua tribuna discursaram grandes oradores: Rui Barbosa, Eusébio de Queiroz, José de Alencar (pai e filho) e Nilo Peçanha.

Com a mudança do Senado para o Palácio Monroe, o palacete recebeu várias repartições públicas até a instalação da Faculdade de Direito. Devido à criação do curso, o prédio ganhou quatro andares sem que sua fachada tenha sofrido grandes alterações com as sucessivas reformas.

Quanto a mim, a escolha do curso superior não passou de um erro. Eu não tinha orientação, havia lido um livro sobre penitenciárias, e pretendia apenas isto: reformar um dia as penitenciárias do Brasil.

(Clarice Lispector, "O grupo")

CATETE

1. Rua Silveira Martins
2. Rua do Catete
3. Vila Saavedra
4. Faculdade Nacional de Direito
5. Palácio do Catete
6. Casa de Saúde São Sebastião

A essa altura Clarice já havia publicado três contos e fazia anotações para seu primeiro romance, *Perto do coração selvagem* (1943). Mas o que ela mais desejava era obter sua naturalização. Para abreviar o prazo de um ano, chegou a escrever uma carta ao presidente Getúlio Vargas, na qual demonstrava o quanto já se sentia brasileira.

QUANDO CLARICE se mudou da Tijuca, em 1940, para a rua Silveira Martins, n.º 76, no Catete, o Brasil vivia um momento de grande efervescência política com a ditadura Vargas (1937-1945). Sua vida seguia no mesmo compasso, e em dois anos ela viveria momentos determinantes de sua trajetória pessoal e literária.

Instalada no quarto dos fundos da casa 11 da Vila Saavedra para ter mais privacidade e poder escrever, sua rotina diária se resumia a ir ao Centro para trabalhar na Agência Nacional e ir à Faculdade de Direito na Moncorvo Filho. O bairro fazia parte de seu roteiro na cidade desde 1937, quando cursou o primeiro ano do pré-jurídico, o Complementar de Direito, na rua do Catete.

A essa altura Clarice já havia publicado três contos e fazia anotações para seu primeiro romance, *Perto do coração selvagem* (1943). Mas o que ela mais desejava era obter sua naturalização. Para abreviar o prazo de um ano, chegou a escrever uma carta ao presidente Getúlio Vargas, na qual demonstrava o quanto já se sentia brasileira.

Seu novo endereço era em frente à lateral do Palácio do Catete, sede da presidência da República. A poucos dias de completar o prazo de um ano, o presidente Getúlio Vargas concedeu-lhe a naturalização em 12 de janeiro de 1943.

O destino de Clarice e dos Vargas voltaria a se cruzar nos Estados Unidos dez anos depois, quando Maury Gurgel Valente assumiria o posto de primeiro-secretário na embaixada de Washington, em setembro de 1952.

A embaixatriz era a filha do presidente Getúlio Vargas. Alzirinha e "Clara", como Alzira Vargas chamava Clarice, se tornaram grandes amigas. Clarice a incentivou a escrever o livro de memórias *Getúlio Vargas, meu pai* (1960). E no lançamento de *Laços de família* (1960), no Rio, Alzirinha ficou ao seu lado o tempo todo, segundo noticiaram os jornais da época.

Certa vez, na coluna do *Jornal do Brasil*, Clarice revelou um segredo das duas. Quando moravam nos Estados Unidos, foram juntas à Holanda para inaugurar o petroleiro Getúlio Vargas. Na volta, um forte nevoeiro desviou a rota do avião, que acabou parando na Groenlândia, mas somente no aeroporto. Clarice não perdeu a oportunidade e foi logo dizendo: "Faz de conta que fomos à cidade também".

Do Catete à Washington, da Groenlândia ao Rio. A vida de Clarice deu muitas voltas.

Na Vila Saavedra, ela também pôde conviver com a única criança da família, sua sobrinha Marcia Algranti, de apenas dois anos. "Marsuska", como Clarice a apelidou, ainda morou no Catete algum tempo após a tia ter se casado e ido morar em Belém.

O Catete da época era cercado de cinemas, confeitarias e lojas de móveis, em uma das quais – na rua do Catete, n.° 137 – trabalhou o pai de Marcia.

Ela se recorda das idas ao Cine Azteca, também na rua do Catete, ao Cine São Luiz, no largo do Machado, e das delícias da Confeitaria Americana, entre as ruas Senador Vergueiro e Paissandu.

Na esquina da Silveira Martins, localizava-se a Farmácia Eloy e o Palácio do Catete. Marcia não se esquece das aparições de Getúlio Vargas na sacada do palácio, sempre atraindo multidões. O presidente residiu no local em dois períodos: entre 1930-1945 e de 1950-1954.

Da Vila Saavedra ainda ficou a lembrança de ver um aparelho de televisão pela primeira vez. A mãe de seu amigo Paulo, da casa 9, organizou uma festa para inaugurar a TV. Mas na hora H o aparelho não funcionou.

A política do Estado Novo favorecia um clima antissemita, o que explica o fato de William Kaufmann, pai de Marcia Algranti, ter se sentido constrangido a se mudar da Vila Saavedra. Entretanto, com a ajuda de um amigo, conseguiu permanecer no local.

Clarice retornou pela última vez ao Catete quando foi submetida a uma cirurgia, em outubro de 1977, na Casa de Saúde São Sebastião. Durante o procedimento, foi constatado um câncer que já se generalizara, particularmente na região do abdômen, originário do ovário. Sem condições de realizar um tratamento bem-sucedido, foi transferida para o Hospital da Lagoa.

Caminhos Claricianos no Catete

1 RUA SILVEIRA MARTINS

É uma homenagem a Gaspar Silveira Martins (1834-1901), presidente da província do Rio Grande durante o Império. Originalmente se chamava rua Bela do Príncipe, ou rua do Príncipe, em homenagem ao príncipe regente Dom João VI.

2 RUA DO CATETE

Era um caminho habitado pelos índios da aldeia Uruçumirim. Junto a ele havia um braço do rio Carioca, que nasce no morro do Corcovado e desce pelo bairro das Laranjeiras, chegando aonde hoje é o largo do Machado e a praça José de Alencar. Ali se formava uma espécie de lago, onde começava o rio Catete. O rio foi aterrado, mas o caminho sobreviveu. Uma ponte foi construída na praça José de Alencar; dela até o largo do Machado, existia somente o caminho do Catete. A ponte existiu até 1866.

Os moradores mais ilustres da estrada do Catete, denominada posteriormente rua do Catete, foram a rainha Carlota Joaquina e o escritor Machado de Assis.

3 VILA SAAVEDRA

Rua Silveira Martins, n.º 76, Catete.

Construída nos anos 1930, é uma vila com trinta casas geminadas. Os imóveis, de dois andares, medem aproximadamente 160 metros quadrados e contam com três quartos e duas salas.

A vila Saavedra foi incluída na Área de Proteção do Ambiente Cultural (APAC) pelo decreto assinado pelo prefeito Cesar Maia em 23 de agosto de 2005. A área, com cerca de 450 imóveis tombados e protegidos, abrange 23 ruas e avenidas, incluindo os bairros do Catete, Glória e o largo do Machado.

A vila é um dos poucos lugares preservados no Catete tal como era quando Clarice residiu no local entre 1940 e 1943.

Podia-se ficar tardes inteiras pensando. Por exemplo: quem disse pela primeira vez assim: nunca?

(Clarice Lispector, Perto do coração selvagem)

4 FACULDADE NACIONAL DE DIREITO
Rua do Catete, n.º 243, Catete. O prédio encontra-se desativado.

Criada em 1918, funcionou neste endereço até ser transferida para o atual prédio no largo do Caco, em 1937. O casarão foi então vendido para a Faculdade de Direito da Universidade do Estado do Rio de Janeiro (UERJ), que naquele tempo se chamava Universidade do Distrito Federal (UDF). Depois da transferência da capital para Brasília, em 1961, a UDF passou a se chamar Universidade do Estado da Guanabara (UEG) e, com o fim do Estado da Guanabara, tornou-se o que hoje é a UERJ. Essa faculdade permaneceu no Catete até 1976, quando foi transferida para o Maracanã.

A União Nacional dos Estudantes (UNE) ocupou o prédio de 1980 a 2000.

5 PALÁCIO DO CATETE
Rua do Catete, n.º 153. Atual Museu da República.

Palácio de estilo eclético, tornou-se símbolo do poder econômico da elite cafeicultora escravocrata do Brasil oitocentista. Foi erguido entre 1858-1867 como residência da família do cafeicultor luso-brasileiro António Clemente Pinto, o barão de Nova Friburgo. Foi denominado Palacete do Largo do Valdetaro, ou Palácio de Nova Friburgo.

Em 1889, o palácio foi vendido à Companhia do Grande Hotel Internacional, mas, antes que fosse instalado, o hotel foi vendido ao maior acionista da companhia, Francisco de Paula Mayrink.

Adquirido pelo Governo Federal durante o mandato do presidente Prudente de Moraes (1894-1898), passou por ampla reforma para receber os presidentes e seus familiares. Foi a sede do poder executivo brasileiro de 1897 a 1960, e dezoito presidentes utilizaram suas instalações. Dois fatos marcantes ocorreram nesse prédio: o velório do presidente Afonso Pena, em 1909, e o suicídio do presidente Getúlio Vargas, em agosto de 1954.

Com a transferência do poder executivo para Brasília, a partir de 15 de novembro de 1960 o palácio passou a abrigar o Museu da República. O museu, ainda instalado no Palácio do Catete, é um importante polo de preservação do patrimônio cultural republicano e contribui para o desenvolvimento sociocultural do Rio de Janeiro.

Senhor Presidente. Tomo a liberdade de solicitar a V.Exª. a dispensa do prazo de um ano, que se deve seguir ao processo que atualmente transita pelo Ministério da Justiça, com todos os requisitos satisfeitos. Poderei trabalhar, formar-me, fazer os indispensáveis projetos para o futuro, com segurança e estabilidade. A assinatura de V.Exª. tornará de direito uma situação de fato. Creia-me, Senhor Presidente, ela alargará minha vida. E um dia saberei provar que não a usei inutilmente.
(Carta de Clarice Lispector a Getúlio Vargas)

6 CASA DE SAÚDE SÃO SEBASTIÃO
Rua Bento Lisboa, n.º 60, Catete. Atualmente, o prédio está desativado.

Foi criada em 1875 na rua da Pedreira da Candelária, Chácara n.º 104, posteriormente rua Conselheiro Bento Lisboa e atual rua Bento Lisboa.

Em 1883, João Carlos Teixeira Brandão assumiu a direção da Casa de Saúde São Sebastião. Anexo à Casa de Saúde desde sua fundação havia o Hospício de Alienados, que funcionava de forma independente. Ali se destacou a adoção do sistema *no-restraint*, que eliminou as casas-fortes com grades de ferros e as camisas de força para os pacientes.

BOTAFOGO

1. Rua São Clemente
2. Rua Marquês de Abrantes
3. Edifício Santa Alice
4. Edifício Val de Palmas
5. Colégio Andrews
6. Espaço Dança
7. Clínica Pio XII
8. Praia Vermelha
9. Cine Paissandu

Botafogo já fazia parte de seu itinerário de estudante desde 1938, quando ingressou no segundo ano do Curso Complementar de Direito do Colégio Andrews. Moradora da Tijuca, ela ia ao colégio para dar continuidade ao preparatório para a Faculdade de Direito.

JOÃO PEREIRA DE SOUZA BOTAFOGO: o nome do bairro é uma referência ao dono dessas terras. De origem rural, logo se transformaria no preferido pelos nobres e comerciantes ingleses até ser descoberto por operários e artesãos no final do século XIX. No entanto, as vozes dos moradores dos miseráveis cortiços de Botafogo, eternizados no romance O *cortiço* (1890) de Aluísio Azevedo, não seriam ouvidas por Clarice.

Botafogo já fazia parte de seu itinerário de estudante desde 1938, quando ingressou no segundo ano do Curso Complementar de Direito do Colégio Andrews. Moradora da Tijuca, ela ia ao colégio para dar continuidade ao preparatório para a faculdade de Direito. Nesses dias, apreciava o Pão de Açúcar de seu melhor ângulo, já que o Andrews se localiza na praia de Botafogo.

Não se sabe quase nada sobre as andanças da jovem estudante por esse bairro, mas um fato chama a atenção no documento de matrícula preenchido por uma colega. Neste, foi declarado que Clarice nasceu em Pernambuco. Ainda na época do curso ginasial no Sylvio Leite, a identificação foi a mesma. São sinais da aceitação de um duplo pertencimento da carioca-pernambucana.

Outra curiosidade dos tempos do Andrews salta aos olhos. Em uma entrevista, Clarice recordou sua predileção pelas aulas de literatura do professor Clóvis Monteiro. A julgar pelo seu desempenho no vestibular – passou em primeiro lugar entre os colegas de turma –, o desejo de ingressar na Universidade do Brasil era intenso; afinal de contas, ela queria reformar as penitenciárias.

Entre Glória e Botafogo passaram-se cinco anos. Na Glória, recém-casada, morou provisoriamente na casa dos sogros na rua do Russel, n.º 102, apartamento 302. Mas era na rua São Clemente n.º 403, em Botafogo, que o casal iria construir o seu lar, para onde

Clarice levaria os originais de seu primeiro romance *Perto do coração selvagem*, só publicado em dezembro de 1943.

O curto período de um ano na rua São Clemente foi interrompido pelos ventos de Belém do Pará. Clarice já estava escrevendo *O lustre* (1946) quando, em 19 de janeiro de 1944, iniciou ao lado de Maury uma longa jornada de moradia no exterior, fixando residência em vários postos diplomáticos: seis meses em Belém, nove meses em Nápoles e três anos em Berna.

Os cinco anos de distância do Rio de Janeiro, pontuados por uma forte saudade crônica, como revelam as cartas de Clarice às irmãs, chegaram ao fim em junho de 1949: "Nem sei dizer o que senti quando soube que íamos embora pro Brasil", confessa em uma carta para a irmã, Tânia. Foram dois meses de preparação até o navio partir de Gênova em direção ao porto do Rio. Mais uma vez, Clarice desembarcava na praça Mauá. A Divisão Econômica da Secretaria de Estado no Palácio do Itamaraty aguardava Maury Gurgel Valente para assumir seu novo posto.

A região da enseada de Botafogo atraía novamente o casal, agora em companhia do primeiro filho, Pedro, nascido em 10 de setembro de 1948, em Berna. O bairro escolhido foi o Flamengo, mais precisamente a rua Marquês de Abrantes. Após mais um ano residindo nessa região, um novo romance escrito na Suíça estava pronto para ser publicado: *A cidade sitiada* (1949).

Se não há registros do cotidiano de Clarice no bairro, temos uma notícia na entrevista que ela concedeu ao poeta e cronista Paulo Mendes Campos para o *Diário Carioca*, em 25 de junho de 1950: ele registrou Clarice transportando Pedrinho, gordo e feliz, da banheira para a cama. Era o tempo da esposa e mãe Clarice Gurgel Valente.

Esse canto do Rio, outrora acolhedor de tantos barões, fidalgos e comendadores, não conseguiu reter por muito tempo o casal Gurgel Valente. Em 28 de setembro de 1950, eles partiram para Torquay, no sul da Inglaterra, onde Maury participou da General Agreement on Tariffs and Trade (GATT).

Após seis meses longe do Rio, em abril de 1951 o casal estava de volta. Foi quando Clarice se dedicou às histórias mais curtas, pois seu tempo estava tomado por mamadeiras, chupetas e papinhas. Datam desse período contos como "Amor" e "Uma galinha".

No auge do exercício da vida doméstica, Clarice Lispector adotou o pseudônimo de Teresa Quadros. Foi, em maio de 1952, no tabloide *O Comício* e a convite de Rubem Braga. Em sua página feminina ela dava dicas de culinária, saúde, moda e conselhos caseiros.

Mas como a região dos barões não era o pouso definitivo de Clarice, mais uma vez ela partiu para o exterior com Maury, Pedro e grávida de três meses de Paulo. Essa estada foi a mais longa: seis anos e dez meses. E quando voltasse, separada, nunca mais se afastaria da cidade onde viveu por quase três décadas.

O tempo passou, Botafogo e Flamengo foram perdendo seus belos casarões, a especulação imobiliária e o Aterro do Flamengo – inaugurado em 1965 – transformaram a geografia do lugar. O retorno de Clarice a esses bairros ocorreu nos anos 1960 e 1970, mas não mais como local de residência. Na rua General Polidoro, em Botafogo, ficou internada na Clínica Pio XII aos cuidados do médico Urbano Fabrini, que realizaria cirurgias reparadoras com o intuito de apagar as marcas do incêndio que sofrera em seu apartamento na rua Gustavo Sampaio, no Leme, no dia 14 de setembro de 1966.

Nos anos 1970, a região a atraiu para alguns de seus passatempos prediletos: ir ao cinema e à praia Vermelha. Nesta, a privacidade do banho de mar estava garantida, o que não ocorria no "seu" Leme.

No lendário Cine Paissandu, no Flamengo, ela repetiu o ritual de ficar algumas horas na sala escura, hábito adquirido desde a juventude nos cinemas da época áurea da Cinelândia.

Também voltou várias vezes ao bairro de Botafogo para prestigiar a "sua filha do coração", Gilda Murray, bailarina que criou o Espaço Dança, na rua Álvaro Ramos. O local foi um importante centro de difusão da dança moderna no Rio de Janeiro e ponto de encontro de artistas ligados pelas artes plásticas, o teatro e a dança.

Ao longo de tantas idas e vindas, a bela enseada de Botafogo devia lhe parecer uma espécie de porto seguro, onde ela podia fincar sua âncora na cidade que tanto amou, até que um dia finalmente pudesse dizer: "Minha terra agora é o Leme".

Caminhos Claricianos em Botafogo e adjacências

1 RUA SÃO CLEMENTE

Aberta no século XVII, era a região da fidalguia onde residiram os grandes barões do café. Na Fundação Casa de Rui Barbosa, onde está depositado o Arquivo Clarice Lispector no Arquivo-Museu de Literatura Brasileira, moraram o primeiro e o segundo barões da Lagoa.

O nome da rua é uma homenagem a Clemente Martins de Matos, vigário-geral e tesoureiro-mor da Sé. Sua renda foi suficiente para adquirir, em 1680, a sesmaria de Botafogo (então lagoa de Sacopenapã, rebatizada de lagoa Rodrigo de Freitas, nome de seu novo dono, em 1703), a Fazenda do Vigário-Geral (ou de São Clemente), o Caminho de São Clemente e a área do morro Dona Marta (batizado em homenagem à sua mãe). As terras de Botafogo foram sendo retalhadas e vendidas em lotes, e o bairro adquiriu ar de nobreza com a chegada da corte portuguesa.

2 RUA MARQUÊS DE ABRANTES

Localizada no bairro do Flamengo, é uma homenagem a Miguel Calmon Du Pin e Almeida (1794-1865). Nascido em Santo Amaro da Purificação (Bahia), foi deputado, senador e ministro da Fazenda e conseguiu a revogação pelo Parlamento da Inglaterra da lei que proibia o consumo de açúcar brasileiro. Tornou-se marquês de Abrantes, em 1854.

Conhecido por promover regatas na avenida praieira onde residia, costumava assisti-las com seus convidados, membros da família real. Os barcos partiam da fortaleza de São João e se dirigiam até o solar do nobre marquês.

3 EDIFÍCIO SANTA ALICE
Rua Marquês de Abrantes, n.º 189, apartamento 1.204, Flamengo.

Há uma grande probabilidade de que este tenha sido o primeiro endereço de Clarice e Maury quando voltaram a morar no Rio vindos de Berna, em junho de 1949. Isto porque, pouco depois de ter se mudado para Torquay, em setembro de 1950, Clarice enviou um cartão postal a Paulo Mendes Campos para esse endereço, em 7 de outubro.

Seu conteúdo nos leva a deduzir que ela e Maury moraram no local e podem ter alugado o imóvel para Paulo, que a entrevistou meses antes, em 25 de junho, para o *Diário Carioca* ("Itinerário de uma romancista").

Este sonho foi de uma assombração triste. Havia uma geleia que estava viva. Quais eram os sentimentos da geleia? O silêncio. Viva e silenciosa, a geleia se arrastava com dificuldade pela mesa, descendo, subindo, vagarosa, sem se derramar. Quem pegava nela? Ninguém tinha coragem. Quando olhei-a, nela vi espelhado meu próprio rosto mexendo-se lento na sua vida. Minha deformação essencial. Deformada sem me derramar. Também eu apenas viva. Lançada no horror, quis fugir da geleia, fui ao terraço, pronta a me lançar daquele meu último andar da rua Marquês de Abrantes.

(Clarice Lispector, "A geleia viva como placenta")

4 EDIFÍCIO VAL DE PALMAS

Rua Marquês de Abrantes, n.º 126, apartamento 1.004, Flamengo.

Este é o último endereço de Maury e Clarice no Rio antes de se mudarem para os Estados Unidos, em setembro de 1952.

O endereço está registrado na certidão emitida pelo 14º Ofício de Notas (Rua Sete de Setembro, n.º 63A, Rio de Janeiro, 24/6/1955) na qual consta que o advogado Carlos Celso Parente de Mello foi nomeado procurador do casal Gurgel Valente em 27 de agosto de 1952.

5 COLÉGIO ANDREWS

Praia de Botafogo, n.º 308, Botafogo. Atual Colégio PH. Hoje, a sede do Colégio Andrews fica na rua Visconde de Silva, n.º 161, no Humaitá.

O Colégio Andrews, na época "curso", foi fundado pelas professoras Isabel Andrews e Alice Flexa Ribeiro em 1918, época em que a educação particular no Rio de Janeiro era dominada por escolas religiosas. Diferenciava-se de outras instituições pelo ensino laico, por acolher filhos de pais separados – o que era motivo de constrangimento para as famílias da época – e por promover um ambiente livre de preconceitos de ordem étnica, política e religiosa.

Em 1931, por ocasião da Reforma Francisco Campos, houve uma ampla reorganização no ensino do país, e os cursos particulares ganharam autonomia para avaliar seus próprios alunos ao fim do ginásio. Com isso, deixaram de ser apenas preparatórios para exames do Colégio Pedro II. Para marcar essa nova estatura, surge oficialmente o nome Colégio Andrews.

Clarice Lispector ingressou no Andrews em 1938, quando foram abertos os chamados "cursos complementares" de Direito, Engenharia e Medicina. Equivalente aos "cursinhos" de hoje, eles preparavam os alunos para o ingresso no ensino superior. Aluna do primeiro ano do curso complementar de Direito da faculdade da rua do Catete, n.º 243, Clarice teve que se transferir para o Andrews no segundo ano porque o governo extinguiu os cursos preparatórios. Uma leva de professores, muitos deles das faculdades que formavam a antiga Universidade do Brasil, foram para o prédio da praia de Botafogo, garantindo ao Andrews, de uma hora para outra, trezentos novos alunos.

O crescimento do colégio provocou reações adversas. Havia boatos de que as instalações não eram apropriadas e de que os cursos seriam anulados. No entanto, Isabel Andrews e Alice Flexa Ribeiro foram salvas por aliados de peso, convencidos da justiça de sua causa: Alzira Vargas, filha do então presidente da República; o escritor e diretor do Departamento Nacional de Educação, Abgar Renault; e o próprio ministro, Gustavo Capanema (1937-1945).

Os filhos de Clarice, Pedro e Paulo, estudaram no Colégio Andrews.

6 ESPAÇO DANÇA

Rua Álvaro Ramos, n.º 408, Botafogo. Atual restaurante La Villa.

Foi fundado em 1975 pela bailarina, coreógrafa e professora Gilda Murray e por Renée Wells, sua mestra na Escola de Danças Clássicas do Theatro Municipal do Rio de Janeiro.

A pedido de Gilda Murray, o artista plástico e educador Augusto Rodrigues, criador, em 1948, da Escolinha de Arte do Brasil (EAB), deu nome ao Espaço Dança a partir da seguinte reflexão:

> O homem é o centro do espaço mutável
> Dançar é descobrir limites
> E sair deles na direção do infinito
> A conquista do espaço começa com o primeiro homem
> A dança começa quando o homem em movimento
> Descobre o equilíbrio no espaço
> Dança descoberta.
> (Programa sobre a história do Espaço Dança, Acervo Gilda Murray)

Dedicado exclusivamente à dança moderna, o grupo Espaço Dança promoveu cursos intensivos ligados a todas as manifestações artísticas, visando uma completa integração no campo das artes. Palestras, exposições, espetáculos e aulas ligavam a dança ao teatro e às artes plásticas.

O Espaço Dança contou com a colaboração de renomados artistas, entre eles: Clarice, incentivadora da ideia; o cineasta Carlos Sampaio; o professor de artes Emílio Gonçalves Filho; e o bailarino Samuel Santana, marido de Gilda.

Padrinhos do espaço, Clarice Lispector e Augusto Rodrigues foram presenças constantes nos espetáculos. Gilda conheceu Clarice na Fundação Romão Duarte, onde trabalhou como voluntária com seu grupo de dança. A identificação foi imediata e Clarice a "adotou" como uma filha.

Em 1980, Gilda fez uma homenagem à Clarice no espetáculo *Macabéa*, encenado no Teatro Cacilda Becker. A coreografia foi inspirada no personagem do livro *A hora da estrela* (1977), dedicado por sua autora a Gilda quando esta se recuperava de um acidente de carro. Ao autografar o livro, Clarice escreveu: "Faça uma dança". O espetáculo foi interpretado pelas bailarinas Heloísa Helena e Eraci de Oliveira, roteirizado e dirigido por Samuel Santana, coreografado por Gilda Murray e musicado por Nivaldo Ornelas.

O casarão da Álvaro Ramos parecia predestinado a realizações culturais. Depois do Espaço Dança, abrigou o Barbas, misto de bar e centro cultural. De 1981 a 1989, ali se reuniu a turma que lutou pela anistia e pela redemocratização do país: intelectuais, jogadores de futebol e a turma da música. De Chico Buarque a Noca da Portela; de Beth Carvalho a Jovelina Pérola Negra.

Nelson Rodrigues Filho, o Nelsinho, filho do dramaturgo, saiu da prisão onde cumpria uma longa pena sob a acusação de terrorismo e associou-se com alguns amigos para abrir o bar. Por sua cultivada barba na prisão, os amigos e sócios nomearam o bar de "O Barbas".

Compositores do bairro, como Mauro Duarte e Walter Alfaiate, uniram-se a Nelsinho Rodrigues, Manoel Henrique, Tchetcha, Dado e Mario Rodrigues com o objetivo de reviver os carnavais de blocos. O Barbas virou um bloco da comunidade: era o renascimento dos blocos de rua na luta pela redemocratização do carnaval.

7 CLÍNICA PIO XII
Rua General Polidoro, n.º 144, Botafogo. Atual Hospital Placi – Cuidados Extensivos.

Após ser atendida no Hospital Miguel Couto, vítima de um incêndio em seu quarto no Leme, na madrugada de 14 de setembro de 1966, Clarice foi transferida para esta clínica, onde ficou internada três meses sob os cuidados do cirurgião plástico Urbano Fabrini e sua equipe. Em função da gravidade de seu quadro, as visitas foram proibidas. Clarice, no entanto, não seguiu à risca as recomendações do médico: "Elas me distraem da dor terrível", declarou numa crônica.

Clarice desconhecia a gravidade de seu estado. A parte mais afetada de seu corpo, a mão direita, sofreu queimaduras de terceiro grau. Os médicos queriam amputá-la, mas Tânia, sua irmã, pediu que esperassem mais um pouco. Por fim, chegaram à conclusão de que a amputação não seria necessária: a mão afetada recebeu um enxerto do abdômen. O dr. Fabrini disse que Clarice retornou à clínica somente para fazer os curativos e que ela não conseguiu recuperar todos os movimentos da mão. Chegou a se recusar a fazer os exercícios necessários para essa finalidade. De resto, acatou muito bem o tratamento e fez questão de presenteá-lo com seus livros. Nesse período, foi acompanhada de perto pelas irmãs Tânia e Elisa e por sua amiga Rosa Cass.

8 PRAIA VERMELHA
Praça General Tibúrcio, Urca.

Nesta praia de pequena dimensão, localizada entre o morro da Urca e o morro da Babilônia, Clarice gostava de ir aos domingos, bem cedo, com a amiga Olga Borelli. Ela marcava trinta minutos no relógio, quinze para bronzear cada parte do corpo. Depois, entrava na água, tomava três goles e se molhava sem mergulhar. Por fim, lia o *Jornal do Brasil* e se detinha especialmente no Caderno B, nas crônicas de Carlos Drummond de Andrade e também na seção do horóscopo, na qual gostava de ler a previsão do dia para o signo de Sagitário.

9 CINE PAISSANDU
Rua Senador Vergueiro, n.º 35, Flamengo. As lojas E, F e P encontram-se em obras para instalação de uma academia de ginástica.

Inaugurado em 15 de dezembro de 1960, foi um ponto de encontro que ajudou a formar uma geração de cinéfilos, a chamada "geração Paissandu". A partir de 1964, a programação ficou a cargo do curador da Cinemateca do Museu de Arte Moderna (MAM), Cosme Alves Netto.

Eram exibidos sobretudo filmes franceses que não costumavam ter trânsito em circuito comercial.

Em seu auge, entre os anos 1965 e 1970, jovens lotavam as salas para ver o último filme de Godard, Truffaut e de cineastas iniciantes do Cinema Novo, como Glauber Rocha. Destaques de sua programação eram as sessões à meia-noite e os Festivais JB-Mesbla (Festival de Cinema Amador do *Jornal do Brasil*).

Em 1990, já deficitário, o Cine Paissandu foi arrendado pelo grupo Estação e fechado em 2008.

No dia primeiro de janeiro de 1964, uma amiga minha entrou em sua casa para buscar qualquer coisa e eu me sentei na escadaria para esperá-la. De repente, me deu um tal desespero com aquele sol e a água vazia, primeiro dia do ano, que eu disse: "Ai, meu Deus do céu, me dá pelo menos um símbolo da paz". Quando abri os olhos tinha um pombo junto a mim. Aí eu fui ao cinema. As lojas estavam fechadas, mas junto ao cinema Paissandu, numa vitrine, havia um prato com quatro pombos que eu, no dia seguinte fui e comprei.
(Clarice Lispector, "Clarice entrevistada")

COSME VELHO

1. Rua Cosme Velho
2. Largo do Boticário
3. Ateliê e residência de Augusto Rodrigues

Clarice ia ao Cosme Velho quase todos os domingos. O bairro abrigou Machado de Assis até os seus últimos dias. Manuel Bandeira, poeta que ela chegou a conhecer e a mostrar alguns versos, ali brincou em sua infância. Mas o que de fato a levava ao bairro foi revelado em uma crônica: "Quase todos os domingos vou conversar um pouco com Augusto Rodrigues". O lugar era o largo do Boticário.

CLARICE IA AO COSME VELHO quase todos os domingos. O bairro abrigou Machado de Assis até os seus últimos dias. Manuel Bandeira, poeta que ela chegou a conhecer e a mostrar alguns versos, ali brincou em sua infância.

Certamente a riqueza arquitetônica do lugar, com suas construções centenárias habitadas por artistas, intelectuais e famílias nobres, deve ter encantado os olhos de Clarice. Mas o que de fato a levava ao bairro do rio Carioca e da escritora Cecília Meireles foi revelado em crônica de 8 de março de 1969: "Quase todos os domingos vou conversar um pouco com Augusto Rodrigues". E em uma entrevista que ele lhe concedeu na revista *Manchete*: "Ele mora num dos lugares mais bonitos do Brasil. Entre árvores e borboletas".

O lugar era o largo do Boticário e o amigo, segundo ela, um "homem bom, muito inteligente, cheio de talento para desenho e fotografia, e cheio de amor ao próximo".

Clarice ia ao largo acompanhada da amiga Olga Borelli, às vezes da bailarina Gilda Murray, ou mesmo das duas — daí se explica o surgimento do Espaço Dança, batizado por Augusto Rodrigues. O quarteto estava unido pelos mesmos laços. Até o filho de Clarice, Paulo, se recorda de ter ido uma vez ao largo em companhia da mãe.

Deitada numa rede — em casa de pernambucano não pode faltar uma —, Clarice se permitia entrar em sintonia com seu conterrâneo; artista raro, um misto de poeta, pintor e educador.

Nessa relação, Augusto fazia questão de frisar, ele era o discípulo e ela a mestra. Não se tratava de uma escritora e de um artista plástico:

eram simplesmente amigos conversando sobre a vida. Ao recordar-se dela, referia-se ao "anjo Clarice":

> Era a visão daquela mulher bela dizendo coisas muito simples, mas que alguém que tivesse sensibilidade perceberia que o simples nela era o transcendente. Eu procurava, no fundo, entender as coisas através de Clarice.
> (Depoimento de Augusto Rodrigues em *Eu sou uma pergunta: uma biografia de Clarice Lispector*)

Augusto a estimulava a entrar em contato com as artes plásticas. Até um curso na Escolinha de Arte do Brasil Clarice chegou a frequentar, como revelou Zoé Chagas Freitas, diretora da Escolinha, com quem ela gostava de conversar ao telefone. O contato com as artes plásticas era um bálsamo para o temperamento inquieto de Clarice.

De sua presença no largo do Boticário restou uma foto em preto e branco tirada por Augusto Rodrigues, o rosto em close e, ao fundo, uma pessoa desfocada na imagem, como uma figura do gravador Oswaldo Goeldi – o que dava, segundo ele, um ar de mistério à foto.

Tanto tempo de convívio deixou uma frustração em Augusto Rodrigues: a de não ter conseguido fazer um retrato de Clarice, desejo revelado por ela nas visitas ao largo do Boticário e registrado em entrevista para a *Manchete*:

"Quando eu posei para você, você jogou muito papel fora. Foi por que você me achou difícil de desenhar ou simplesmente não era o dia 'certo'?"

Augusto respondeu:

"[...] O problema que eu tinha em relação ao seu retrato é que eu tinha mais sensações do que ideias e, quem sabe, talvez eu considerasse mais importante conversar em vez de fazer o retrato".

Caminhos Claricianos no Cosme Velho

1 RUA COSME VELHO

O nome do bairro é uma homenagem ao comerciante português Cosme Velho Pereira, cuja chácara produtora de legumes, frutas e hortaliças ocupava uma imensa área da região no século XVIII.

2 LARGO DO BOTICÁRIO

Rua Cosme Velho, n.º 822, Cosme Velho.

Localizado na borda do morro do Corcovado e rodeado pela mata atlântica e pelo rio Carioca, o nome do beco e largo é uma homenagem ao boticário Joaquim Luís da Silva Souto. Preparador de unguentos e xaropes em seu estabelecimento na antiga rua Direita, atualmente rua Primeiro de Março, no Centro do Rio, o boticário tinha entre seus clientes a família real. Quando Dom Pedro II fazia seus passeios pela região costumava visitá-lo. O boticário comprou terrenos na zona do Cosme Velho e mudou-se para o largo por volta de 1831.

Inicialmente, o largo era formado por oito casas de estilo colonial. No início do século XX, segundo o relato de Manuel Bandeira, que conheceu o local por volta de 1897, "o velho autêntico tinha sido substituído pelo velho fingido".

Quem vê hoje o largo do Boticário não imagina que ele foi um polo de novas ideias no campo da educação e da cultura, ponto de encontro de artistas, intelectuais e grandes personalidades nacionais e internacionais.

A casa 32, à extrema esquerda (nos fundos) de quem entra no largo do Boticário, foi reconstruída por Rodolfo Siqueira, o Ruddy, diplomata e colecionador de arte e mobiliário: uma casa nova feita com materiais velhos, transformada em casarão colonial do século XVIII. O imóvel já trazia os ares de um morador ilustre: o padrinho de Machado de Assis, marechal Joaquim Alberto de Souza da Silveira, o construiu em 1846.

Ruddy viveu nesta casa de 1928 a 1941, mas foi com a vinda de Maria Augusta Leão da Costa Ribeiro, conhecida como Magu Leão, mecenas das artes e dama distinta da sociedade local, que a casa 32 virou um ponto de encontro de artistas e intelectuais. Seus famosos jantares e saraus reuniam ilustres convidados como Manuel Bandeira, Tarsila do Amaral, Oscar Niemeyer, Lúcio Costa, Portinari, Burle Marx, Le Corbusier e José Lins do Rego. Magu Leão acabou fazendo parte como voluntária da equipe de Lota de Macedo Soares, sua amiga, no projeto de construção e urbanização do Parque do Flamengo. Ao longo dos anos 1960, também deu a ela assessoria em botânica.

As casas 20, 26, 28 e 30 pertenceram a Paulo Bittencourt e sua esposa, Sylvia de Arruda Botelho Bittencourt. Todas foram herdadas do fundador do jornal *Correio da Manhã*, Edmundo Bittencourt, pai de Paulo e comprador do terreno onde começou a construir casas em estilo neocolonial. Algumas foram reformadas pelos arquitetos modernistas Lúcio Costa e Gregori Warchavchik, utilizando materiais autênticos da época colonial provenientes de demolições realizadas quando da abertura da avenida Presidente Vargas, em 1944.

A casa 20, conhecida como Casa Rosa, fez história no largo. Com 1.100 metros quadrados, tinha um jardim belíssimo com espécies raras da mata atlântica projetado por Roberto Burle Marx. Nela ocorreram festas memoráveis. Sylvinha e Paulo Bittencourt receberam personalidades como o médico Albert Sabin e Walt Disney.

A partir de meados dos anos 1990, foi possível perceber uma penosa decadência das casas dos Bittencourt, herdadas por Sybil, filha de Sylvinha e Paulo. Apesar de tombadas pelo Instituto Estadual do Patrimônio Artístico e Cultural (INEPAC), a proprietária alegou ter parado de investir dinheiro nos imóveis por não receber apoio das autoridades quanto à segurança.

As casas hoje estão desfiguradas, com exceção da 32, da casa 2, pertencente à família da crítica teatral Barbara Heliodora, e da 1, ex-residência de Augusto Rodrigues.

3 ATELIÊ E RESIDÊNCIA DE AUGUSTO RODRIGUES

Ao entrar no largo do Boticário, vê-se do lado esquerdo a casa 1. Ali, Augusto Rodrigues montou seu ateliê e morou de 1961 até 21 de novembro de 1993, data do seu falecimento.

Por ser fundador da Escolinha de Arte do Brasil, atraiu ao local personalidades de diversas áreas, como Anísio Teixeira, Nise da Silveira, Mestre Vitalino e Helena Antipoff. Estes e tantos outros foram colaboradores da Escolinha.

Ficaram famosos os concertos de música, as peças de teatro e os saraus nas décadas de 1960 e 1970, que tornaram o largo do Boticário um espaço aglutinador de ideias e troca de experiências no campo da cultura e da educação.

Quando Clarice começou a frequentar o largo, a especulação imobiliária já estava construindo grandes edifícios no Cosme Velho. Com a abertura dos túneis Santa Bárbara, em 1963, e Rebouças, em 1967, a área se transformou numa ligação entre a Zona Sul e a Zona Norte.

Mas nem mesmo as transformações na malha urbana tiravam o encanto de Clarice pelo local inspirador de tantas fotos e versos de Augusto Rodrigues: "Enfim, pássaros eu os quero nas árvores ou voando, mas longe de minhas mãos. Talvez algum dia, em contato mais continuado no largo do Boticário com os pássaros de Augusto Rodrigues, eu venha a ficar íntima deles, e a gozar-lhes a levíssima presença".

Clarice fez questão de publicar trechos de autoria de Augusto Rodrigues em sua coluna no *Jornal do Brasil*, em 8 de março de 1969, sob o título "Augusto Rodrigues, também poeta":

> O boi entrou no mar
> e de lá quando voltou
> tinha um tamanho tão grande
> que escondeu o horizonte
> e a praia toda ocupou.

JARDIM BOTÂNICO

1. Rua Jardim Botânico
2. Jardim Botânico do Rio de Janeiro
3. Lago Frei Leandro
4. Espaço Clarice Lispector
5. Aleia Barbosa Rodrigues
6. Hospital da Lagoa
7. ABBR
8. Parque Lage

Na rua Jardim Botânico há quatro lugares que simbolizam criação, renascimento e morte: o Jardim Botânico do Rio de Janeiro, misto de parque e local de pesquisas, onde Clarice passeava e escrevia; o Parque Lage, local de passeio; a ABBR, onde fazia fisioterapia para recuperar os movimentos de sua mão queimada; e o Hospital da Lagoa, local de seu falecimento.

ESTE BAIRRO OCUPA uma posição de destaque no roteiro dos Caminhos Claricianos. Na rua Jardim Botânico há quatro lugares que simbolizam criação, renascimento e morte: o Jardim Botânico do Rio de Janeiro, misto de parque e local de pesquisas, onde Clarice passeava e escrevia; o Parque Lage, local de passeio; a ABBR, onde fazia fisioterapia para recuperar os movimentos de sua mão queimada; e o Hospital da Lagoa, local de seu falecimento.

O Jardim Botânico foi citado em seis de seus textos. No conto "Amor", um clássico da literatura brasileira, a dona de casa Ana vive um momento de epifania nas aleias do Jardim. Distante da rotina doméstica, ela entra em contato com a natureza selvagem e experimenta um encontro consigo mesma.

Em sua coluna no *Jornal do Brasil*, Clarice fez questão de registrar esses encontros com muita intensidade e magia. Em "O ato gratuito", ela se permitiu um instante de liberdade ao interromper sua rotina diária e ir ao Jardim Botânico para entrar em contato com a natureza. A crônica guarda muitas semelhanças com o conto "Amor".

Nas outras crônicas, o Jardim aparece em pequenos trechos, ora como um reino cheio de mistérios, ora em sua natureza exuberante, dando destaque para as vitórias-régias.

As visitas de Clarice a este ponto turístico da cidade datam do final dos anos 1940 e se estendem até os anos 1970. Trata-se, portanto, de uma ligação de quase quarenta anos, o que indica uma grande importância em seus caminhos pelo Rio. Isso se confirma pelo número de vezes em que o Jardim Botânico foi citado em seus textos.

Estar no Jardim Botânico era sentir a vida em sua plenitude. Tanto a personagem Ana quanto Clarice entram em sintonia com o mundo vegetal, essencialmente intuitivo: ele fala através dos sentidos – cheiros, sons, imagens, tato –, e essa troca lhe permite acionar outros canais de entendimento do mundo.

Se não há registros dos lugares preferidos de Clarice no Jardim, fica patente sua admiração pelas vitórias-régias, citadas duas vezes. O lago Frei Leandro, berço desta flor, deve ter sido, também, um de seus lugares mais frequentados. O fascínio pelo contato com a natureza se estende ainda ao Parque Lage, outro lugar de visitação, mas não registrado em textos.

No final dos anos 1960, Clarice fez fisioterapia na Associação Brasileira Beneficente de Recuperação (ABBR), instituição bem próxima ao Jardim Botânico, para recuperar os movimentos da mão direita, depois do incêndio em seu quarto.

A ABBR lhe deu outra fonte de alegria, pois ali reencontrou o escritor Lúcio Cardoso, amigo querido e mestre literário que a incentivou a publicar *Perto do coração selvagem* (1943). Ele fazia, então, sessões de foniatria com Miriam Bloch, pois tinha perdido a fala após um derrame.

No Hospital da Lagoa, localizado a poucos metros do Jardim Botânico e da ABBR, Clarice foi internada em 17 de novembro de 1977, vindo a falecer na véspera de seu aniversário em 9 de dezembro do mesmo ano.

Caminhos Claricianos no Jardim Botânico

1 RUA JARDIM BOTÂNICO

A rua Jardim Botânico – onde se localiza o próprio Jardim Botânico – era conhecida como rua do Oliveira. O acesso ao Engenho de Nossa Senhora da Conceição da Lagoa se dava por canoas e por um caminho precário pelo sopé do Corcovado, que ia até o rio Cabeça. O comendador Carvalho, da Chácara da Bica, aterrou o caminho conhecido como rua do Oliveira, que depois de calçado se transformaria em rua Jardim Botânico.

2 JARDIM BOTÂNICO DO RIO DE JANEIRO
Rua Jardim Botânico, n.º 1008, Jardim Botânico.

Originalmente Engenho d'El Rey, foi fundado pelo governador Antônio de Salema, em 1575, por ordem do rei de Portugal. Tornou-se propriedade particular no século XVIII, quando Diogo Amorim Soares ergueu a Capela de Nossa Senhora da Conceição, que foi nomeada padroeira do Engenho e do bairro da Gávea. Por isso, o local passou a se chamar Engenho de Nossa Senhora da Conceição da Lagoa.

Com a chegada da família real em 1808, o príncipe regente Dom João VI desapropriou o engenho de cana-de-açúcar para abrigar uma fábrica de pólvoras, cujo intuito era defender a nova capital portuguesa. Também foi criado um Jardim de Aclimação para introduzir e aclimatar plantas exóticas de grande valor na Europa, úteis para o desenvolvimento agrícola e industrial da metrópole.

De Jardim de Aclimação e Real Horto, após a coroação de Dom João VI como rei do Reino Unido de Portugal, Brasil e Algarves, passou a chamar-se Real Jardim Botânico. Somente no reinado de Dom Pedro I foi aberto à visitação pública já com o nome de Jardim Botânico.

Em 1937, o patrimônio foi tombado pelo IPHAN. Uma das mais belas áreas verdes da cidade, é um exemplo da diversidade da flora brasileira, onde podem ser observadas cerca de 6.500 espécies ao ar livre e em estufas, distribuídas por uma área de 55 hectares.

O Jardim abriga ainda monumentos de valor histórico, artístico e arqueológico, além de um importante centro de pesquisa que inclui a mais completa biblioteca do país especializada em botânica, com mais de 32 mil volumes.

3 LAGO FREI LEANDRO

Sacerdote e naturalista pernambucano, professor da Academia de Medicina e Cirurgia, o frei carmelita Leandro do Sacramento foi o primeiro diretor botânico do Jardim Botânico entre 1824 e 1829, no Primeiro Reinado. A partir de sua gestão, o Jardim passou a ser um Instituto de Estudos Botânicos.

À sombra da jaqueira, frei Leandro orientava os escravos na construção do Lago da Vitória-régia, como também ficou conhecido. Ainda hoje podemos ver algumas de suas obras no arboreto, como a edificação da Casa dos Cedros (onde está instalado o seu busto) e a mesa do Imperador, local onde Dom Pedro I e Dom Pedro II faziam refeições leves quando visitavam o Jardim e o lago.

As aulas de botânica que Frei Leandro ministrava no Passeio Público tornaram-se célebres na Corte. Debaixo das árvores do parque, ele ilustrava suas lições, o que o levou a ser convidado a dirigir o Jardim Botânico.

4 ESPAÇO CLARICE LISPECTOR

Localizado às margens do lago Frei Leandro.

A pedido do passeio "O Rio de Clarice", o espaço foi inaugurado em 9 de dezembro de 2012, na gestão de Liszt Vieira como presidente do Jardim Botânico. Nesse ponto do roteiro há uma série de coincidências entre Clarice e as pessoas que se uniram para criá-lo.

O diretor responsável pela implantação do Espaço e prefeito do Jardim, Guido Gelli, tem uma filha chamada Clarice, homenagem de sua esposa à escritora.

Antônio Bernardo, designer que concebeu o Espaço (criou as frases dos encostos dos bancos para serem grafadas no formato datilografado), deve sua aproximação com o Jardim Botânico às orquídeas. Ele se tornou o patrocinador do Orquidário, e tudo começou ao ganhar uma orquídea da amiga Mira Engelhardt, quando sua filha nasceu. Mira representou um divisor de águas em sua vida, estimulando-o a seguir o universo do design. E foi uma grande amiga de Clarice.

O "Espaço Clarice Lispector" é um recanto com seis bancos, cada um com uma frase de Clarice alusiva ao Jardim Botânico. O local foi escolhido pelo filho da escritora, Paulo Gurgel Valente. A seleção das cinco citações foi de Teresa Montero e o patrocínio dos bancos é da editora Rocco. No sexto banco está registrado o nome do espaço.

A seguir, as frases:

Eu ia ao Jardim Botânico para quê? Só para olhar. Só para ver. Só para sentir. Só para viver.

Entrar no Jardim Botânico é como se fôssemos transladados para um novo reino.

Lá a vida verde era larga. Eu não via ali nenhuma avareza: tudo se dava por inteiro ao vento, no ar, à vida, tudo se erguia em direção ao céu. E mais: dava também o seu mistério.

Sentada ali num banco, a gente não faz nada: fica apenas sentada deixando o mundo ser.

Vitória-régia. No Jardim Botânico do Rio há enormes. Aquáticas, lindas de morrer. Elas são o Brasil grande.

5 ALEIA BARBOSA RODRIGUES
Sua entrada é pelo portão principal.

Também conhecida como Aleia das Palmeiras, é o local percorrido pela personagem Ana ao atravessar os portões do Jardim Botânico no conto "Amor", publicado em *Laços de família* (1960). Considerada a aleia principal do Jardim, seu nome é uma homenagem ao naturalista João Barbosa Rodrigues, diretor do Jardim Botânico entre 1890 e 1909.

Ornamentada por 134 palmeiras-imperiais, com altura média de trinta metros, todos os seus exemplares são originários da Palma Mater, plantada por Dom João VI em 1809; e destruída por um raio em 1972. Seu tronco foi preservado e encontra-se em exposição no Museu Botânico. Em seu lugar, foi plantado outro exemplar, chamado de Palma Filia.

Andando um pouco mais ao longo de uma sebe, atravessou os portões do Jardim Botânico.

Andava pesadamente pela alameda central, entre os coqueiros. Não havia ninguém no Jardim. Depositou os embrulhos na terra, sentou-se no banco de um atalho e ali ficou muito tempo.

A vastidão parecia acalmá-la, o silêncio regulava sua respiração. Ela adormecia dentro de si.

(Clarice Lispector, "Amor")

6 HOSPITAL DA LAGOA
Rua Jardim Botânico, n.º 501, Jardim Botânico.

Projetado pelos arquitetos Oscar Niemeyer e Hélio Uchôa, o edifício conta com projeto paisagístico de Roberto Burle Marx e um mural de azulejos externo do artista plástico Athos Bulcão. Foi construído em 1952 pelo Instituto Larragoiti, proprietário da Sul América Companhia Nacional de Seguros, inaugurado em 1958 e tombado pelo Instituto Estadual do Patrimônio Cultural (INEPAC), em 1992.

O hospital ficou fechado entre 1958 e 1962, quando foi reaberto como Hospital dos Bancários. A partir de 1967, passou a ser chamado Hospital da Lagoa.

Quando Clarice foi internada no quarto 600, no dia 17 de novembro de 1977, o Setor de Oncologia dirigido pela dra. Maria Tereza Mello era recém-formado. Os médicos que a assistiram, chefiados pelo dr. Luiz Carlos Teixeira, foram Roque Antonio Ricarte e José Vieira de Lima Filho.

Clarice Lispector morreu às 10h30, em 9 de dezembro de 1977.

7 ABBR
Rua Jardim Botânico, n.º 660, Jardim Botânico.

A Associação Brasileira Beneficente de Reabilitação (ABBR) foi fundada em 4 de agosto de 1954 com o objetivo de oferecer tratamento de reabilitação a vítimas de poliomielite e portadores de sequelas motoras. O propósito da instituição era fornecer um tratamento especializado e que possibilitasse reintegração à sociedade.

O Centro de Reabilitação da ABBR foi o primeiro do Brasil dentro da concepção moderna da reabilitação como um processo integrado. Idealizado por Fernando Lemos e Charles Robert Murray, foi fundado pelo filho deste, Percy Charles Murray.

Instituição filantrópica, foi organizada inicialmente como uma escola de reabilitação para formação de fisioterapeutas e terapeutas ocupacionais – a primeira no Brasil.

Clarice frequentou a ABBR entre 1966 e 1967 para fazer sessões de fisioterapia na mão direita depois do incêndio em seu quarto, no Leme. Seus amigos, o dr. Pedro Bloch e sua esposa, a foniatra Miriam Bloch, trabalhavam na instituição.

Ora ouço ele me garantir que eu não tivesse medo do futuro porque eu era um ser com a chama da vida. Ele me ensinou o que é ter chama da vida. Ora vejo-nos alegres na rua comendo pipocas. Ora vejo-o encontrando-se comigo na ABBR, onde eu recuperava os movimentos de minha mão queimada e onde Lúcio, Pedro e Miriam Bloch chamavam-no à vida. Na ABBR caímos um nos braços do outro.
(Clarice Lispector, "Lúcio Cardoso")

8 PARQUE LAGE
Rua Jardim Botânico, n.º 414, Jardim Botânico.

Originalmente um engenho de açúcar no período colonial, transformou-se em uma chácara de nobres e aristocratas onde o industrial Henrique Lage mandou construir uma réplica de um palácio romano para sua amada, a cantora lírica Gabriella Besanzoni (tia-avó da escritora Marina Colasanti).

Cercado de verde e com um belo palacete ao centro, o parque é um convite ao contato com a natureza. Daí se entende por que Clarice Lispector escolhia visitá-lo aos domingos quando não havia um bom filme em cartaz.

O Parque Henrique Lage é um parque público tombado pelo IPHAN em 14 de junho de 1957 como patrimônio histórico e cultural. Desde 1975, abriga a Escola de Artes Visuais (EAV).

LEME

CAMINHOS CLARICIANOS NO LEME

1. O Leme
2. Rua Gustavo Sampaio
3. Rua General Ribeiro da Costa
4. Igreja Nossa Senhora do Rosário
5. Rua Aurelino Leal
6A. Ladeira Ary Barroso
6B. Ladeira Ary Barroso, n.º 23 – Casa de Aloisio e Solange Magalhães
7. Praça Almirante Júlio de Noronha
8. Edifício Visconde de Pelotas
9. Edifício Macedo
10. Edifício Maracati
11. Edifício Luar
12. Hotel Luxor Continental
13. Hotel Le Méridien
14. Restaurante La Fiorentina
15. Restaurante Veneziana
16. Casas Gaio Marti
17. Padaria Duque de Caxias
18. Sorveteria e Confeitaria Gatão
19. Banca de jornal de Salvador Vanzillotta e de seus filhos Santo e Francisco
20. Banca de jornal de Fausto Mantelli e Guido Cretelli
21. Banca de jornal do seu Zé
22. Farmácia LemeFar
23. Salão New York
24. Estátua de Clarice e seu cão Ulisses

CAMINHOS CLARICIANOS POR COPACABANA

25. Livraria Eldorado
26. Super Shopping Center Cidade de Copacabana
27. Gead (Galeria)
28. Palácio da Cultura
29. Banco Nacional
30. Hotel Copacabana Palace
31. Hotel Ouro Verde
32. Zona Eleitoral
33. Metro Copacabana
34. Ricamar
35. Caruso
36. Paris Palace / Cinema 1
37. Roxy

Eterna nômade, para chegar ao Leme demorou 39 anos, cruzou quatro países, duas capitais e diversos bairros cariocas. Quando indagada sobre suas viagens pelo mundo afora, foi categórica: "Agora, minha terra é o Leme".

"A Palavra é a minha quarta dimensão"

CLARICE LISPECTOR

1920 - 1977

Consagrada entre os grandes escritores do século XX, publicou crônicas, contos e romances.

Morou neste prédio de 1966 a 1977.

PREFEITURA DA CIDADE DO RIO DE JANEIRO
Secretaria Municipal de Cultura
Departamento Geral de Patrimônio Cultural

1996

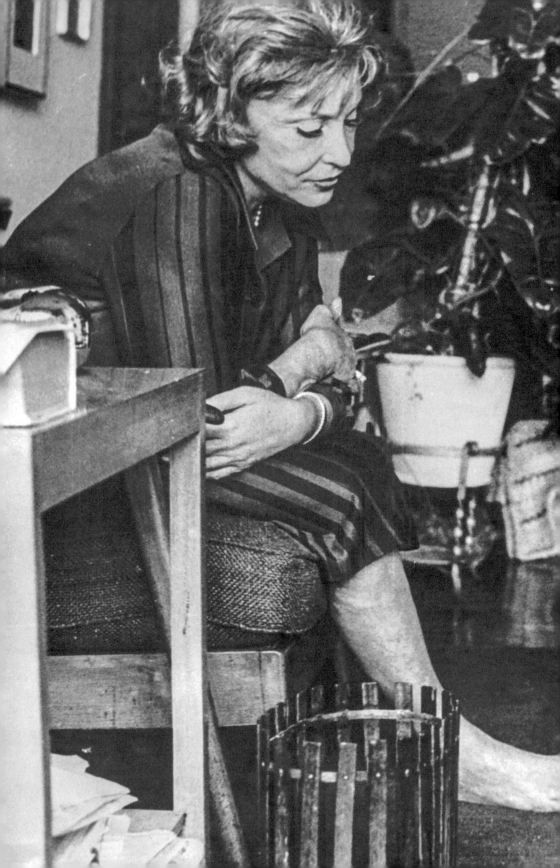

QUANDO CLARICE LISPECTOR DECIDIU VOLTAR AO BRASIL, em 1959, e escolheu o Leme como seu porto seguro, fazia pelo menos dez anos que o bairro via suas casas e palacetes serem demolidos para dar lugar aos edifícios.

O Leme está inserido no traçado da avenida Atlântica, onde foram erguidos dois bairros que, à primeira vista, podem parecer um só.

Há quem defenda que o Leme é o glorioso ponto de partida da praia de Copacabana, pois a avenida Atlântica começa no bairro, onde vemos a Pedra do Leme. Mas há também os que defendem que o bairro é a gratificante chegada para quem vem do Posto 6.

Nas primeiras plantas do Leme, a rua Gustavo Sampaio, sua principal, seria transversal à praia e ficaria entre as ruas Anchieta e Antônio Vieira, pois a avenida Nossa Senhora de Copacabana deveria se estender até a praça Júlio de Noronha. O projeto foi alterado, em 1900, por causa da pedreira que detinha a avenida, e a Nossa Senhora de Copacabana, que começa no Leme, só ocupou um pequeno trecho no bairro.

Foi nesse lugar banhado pelo oceano Atlântico, concebido sob o signo da modernidade e da salubridade no século XIX para abrigar famílias abastadas dos tempos republicanos, que Clarice Gurgel Valente lançou sua âncora, acompanhada dos filhos Pedro e Paulo.

Gurgel Valente? Sim, recém-chegada de Washington, ela ainda não estava separada oficialmente. Enquanto não tomou posse da cidade do Leme, como ela gostava de dizer, passou uns dias no apartamento da irmã, Tânia, na rua Senador Vergueiro, no Flamengo.

E se do mar do Leme se fala tanto, o que dizer das montanhas? Uma foto aérea pode mostrar a beleza dos morros do Leme, do Urubu e da Babilônia. No entanto, olhando de cima não se pode ter uma ideia real do duro cotidiano dos moradores das comunidades da Babilônia e do Chapéu Mangueira.

De repente acordar no meio da noite e ter essa coisa rara: solidão. Quase nenhum ruído. Só o das ondas do mar batendo na praia. E tomo café com gosto, toda sozinha no mundo. Ninguém me interrompe o nada. É um nada a um tempo vazio e rico. E o telefone mudo, sem aquele toque súbito que sobressalta. Depois vai amanhecendo. As nuvens clareando sob um sol às vezes pálido como uma lua, às vezes fogo puro. Vou ao terraço e sou talvez a primeira do dia a ver a espuma branca do mar. O mar é meu, o sol é meu, a terra é minha. E sinto-me feliz por nada, por tudo. Até que, como o sol subindo, a casa vai acordando e há o reencontro com meus filhos sonolentos.

(Clarice Lispector, "Insônia infeliz e feliz")

Rua General Ribeiro da Costa

Ao instalar-se na rua General Ribeiro da Costa, no Edifício Visconde de Pelotas, Clarice estava a poucos metros da ladeira Ary Barroso, por onde se tem acesso aos morros da Babilônia e Chapéu Mangueira. O ano era 1959 e, graças à parceria entre os padres dominicanos da igreja Nossa Senhora do Rosário, moradores dos morros e integrantes da Associação dos Amigos do Leme (Asaleme), a felicidade dos habitantes dessas comunidades não estava decretada a se acabar na "quarta-feira de cinzas", como dizem os versos de Vinicius de Moraes no *Orfeu da Conceição*. A obra correu o mundo ao ser adaptada para o cinema por Marcel Camus, que filmou o *Orfeu Negro* (1958) no morro da Babilônia.

A nova moradora não podia imaginar as histórias vividas pelos ilustres vizinhos. O autor de "Aquarela do Brasil" vivia desde 1946 na ladeira Ary Barroso, no número 9, encantando o Brasil e o mundo com sua música.

O menino que cultivou plantas na chácara de seus pais, o paisagista Roberto Burle Marx, ainda mantinha um ateliê na rua ao lado do Edifício Visconde de Pelotas. Sua arte ficaria eternizada no desenho em pedras portuguesas do calçadão da avenida Atlântica e no tratamento paisagístico do Açude da Solidão, na Floresta da Tijuca. Ambos são caminhos de Clarice na cidade.

Outro morador fora o então jovem arquiteto e urbanista Lúcio Costa. Na época, a rua ainda se chamava Araújo Gondim, depois batizada com o nome de seu tio e morador no local, o general Ribeiro da Costa.

A voz do morro

Nesse início dos anos 1960, as teclas da máquina de escrever de Clarice podiam ser ouvidas junto às vozes em prol de ações sociais. A missionária da Ação Social Dominicana, Renée Delorme, tinha acabado de montar um ambulatório no Chapéu Mangueira e, em conjunto com a Asaleme, obteve o apoio do arcebispo do Rio de Janeiro, Dom Hélder Câmara, para que o morro tivesse água encanada.

Clarice talvez nem soubesse que aqueles lados já tinham inspirado o poeta Manuel Bandeira nos anos 1930 no "Poema tirado de uma notícia de jornal". O poeta morou no Leme com os pais e a irmã nos anos 1910. O João Gostoso do poema era carregador de feira livre e morava no morro da Babilônia.

O mesmo aconteceria com a escritora norte-americana Elizabeth Bishop, tradutora de poetas como Carlos Drummond de Andrade e de alguns contos de Clarice, com quem se encontraria no Leme nos anos 1960.

Elizabeth Bishop morava com sua companheira Lota de Macedo Soares (arquiteta e urbanista, uma das responsáveis pelo projeto do Parque do Flamengo) no Edifício Mandori, na rua Antônio Vieira, n.º 5, na esquina com a avenida Atlântica. Foi da janela de seu apartamento que Bishop assistiu à fuga do bandido Micuçú, perseguido por policiais. A fuga foi eternizada em "O ladrão da Babilônia", traduzido por Paulo Henriques Britto:

> Aquele sol desgraçado
> Era o fim de Micuçú
> Ele via as praias brancas,
> Os banhistas bem-dormidos.
> Com barracas e toalhas.
> Mas ele era um foragido. [...]
>
> Nos morros verdes do Rio
> Há uma mancha a se espalhar:
> São os pobres que vêm pro Rio
> E não têm como voltar.
> (Elizabeth Bishop, *Poemas*)

O cinema subiria, mais uma vez, o morro da Babilônia para filmar *Uma rosa para todos* (1967), dirigido por Franco Rossi e estrelado por Claudia Cardinale. Muitos adolescentes ficaram encantados ao saber que a bela atriz circularia pelas ruas do bairro, incluindo Paulo, o filho de Clarice.

Mas a casa que faria Clarice Lispector subir a ladeira Ary Barroso inúmeras vezes seria a de número 26, residência e escritório do designer pernambucano Aloisio Magalhães e de sua esposa Solange.

E não era só no quarteirão da general Ribeiro da Costa e da ladeira Ary Barroso que residiam os artistas do bairro. Na avenida Atlântica, n.º 900, morava o pintor Candido Portinari, e na rua Gustavo Sampaio, ao lado do Edifício Montese, ficava o ateliê do escultor Bruno Giorgi (que foi casado com Mira Engelhardt, amiga de Clarice).

Música e restaurante

A trilha sonora do Leme de então era eclética, com forte presença do samba canção e da bossa nova, esta última prestes a se transferir para a Ipanema dos anos 1960. Bairro boêmio, o Leme reunia, junto com Copacabana, 80% das boates cariocas. Se Clarice as frequentou, não há registros, mas certamente passou inúmeras vezes por elas, incluindo a mais famosa: a da esquina da rua Antônio Vieira com a avenida Atlântica. O letreiro na porta dizia: "Sacha's Seven to Seven" [das sete da noite às sete da manhã]. Era no Sacha's que o pianista Sacha Rubin embalava a noite de muitos artistas, jornalistas, intelectuais e políticos.

O polo boêmio tinha seu território bem delimitado: ocupava o quarteirão entre a Antônio Vieira e a Princesa Isabel. Na avenida Atlântica, além do Sacha's, havia os bares Havaí, Texas e Bambu. Fechando o circuito estava o único estabelecimento de pé até hoje, o restaurante Taberna Atlântica, e a boate Fred's, onde foi construído o Hotel Le Méridien. Na Gustavo Sampaio encontrava-se o Arpège, do pianista Waldir Calmon, que, ao som do seu solovox, fez dançar muitas gerações de apaixonados. Vários artistas, então em início de carreira, marcaram presença no local, entre eles João Gilberto, Tom Jobim, Vinicius de Moraes e Chico Buarque.

Mas nem só de música vivia o bairro – os restaurantes também atraíam cariocas e estrangeiros. Os mais conhecidos ficavam no quarteirão da avenida Atlântica, entre as ruas Aurelino Leal e Martim Afonso: Bar Alpino, Cantina Sorrento e La Fiorentina. Este último estava a poucos metros do edifício de Clarice, que lá ia regularmente em companhia das amigas Nélida Piñon, Maria Bonomi, Rosa Cass e do filho Paulo.

Comércio e transporte

Mulher viajada, Clarice morou no exterior dezesseis anos, mas foi criada no Nordeste – Maceió e Recife –, de onde guardou um sotaque nordestino, cheiros e temperos. O que a teria encantado nesse bairro para dele não mais sair quando, ao separar-se de Maury, voltou definitivamente para o Brasil?

Eterna nômade, para chegar ao Leme demorou 39 anos, cruzou quatro países, duas capitais e diversos bairros cariocas. Quando indagada sobre suas viagens pelo mundo afora, foi categórica: "Agora, minha terra é o Leme".

Não foi nada fácil uma mulher de sua geração assumir o estado civil "desquitada" com dois filhos pequenos, Pedro com dez anos e

Paulo com seis. O Leme representava o início de um novo ciclo em sua vida: a volta ao Brasil e a retomada da escrita. Havia três anos que não escrevia uma só linha, desde que colocara o ponto final em *A maçã no escuro* (1961), em Washington.

A "terra do Leme" tinha vida própria, e Clarice tinha tudo de que precisava a poucos passos. Em dezoito anos, ela residiu em dois endereços: de 1959 a 1965 na rua General Ribeiro da Costa, n.º 2, e de 1965 a 1977 na rua Gustavo Sampaio, n.º 88.

Para abastecer a dispensa, o comércio local era mais do que suficiente. Ficava todo concentrado na rua principal do bairro, a Gustavo Sampaio, com exceção de uma ou outra loja na transversal, como a Anchieta.

Se o inventário do comércio foi registrado de forma esparsa por Clarice em contos e crônicas, outra moradora recém-chegada ao Leme no mesmo período, a cronista Elsie Lessa, o fez de uma só vez na crônica "A nova moradora do Leme". Um belo pedaço de carne, "vermelha e úmida, pendendo ricamente dos ganchos do teto", descrito por Elsie, devia estar no açougue do sr. João, cuja balança era tão grande que muitas moradoras aproveitavam para pesar os filhos. Cereais e laticínios? No armazém do sr. Avelino e do sr. Porto ou nas Casas Gaio Marti, onde as compras eram registradas numa caderneta para serem pagas no final do mês.

Elsie Lessa constatou nas suas andanças pela Gustavo Sampaio: "Pode-se ficar doente em paz nesta rua, que a farmácia tudo provê e prevê. Balança na porta, luz fluorescente, perfumarias, drogas e artigos de toucador". Quando queria remédios, colírio ou trocar um cheque, Clarice ligava para a LemeFar do sr. Tobias Timovski.

Se acabava o cigarro Hollywood com filtro ou faltava Coca-Cola na geladeira, quando as pilhas gastas a impediam de escutar a Rádio MEC ou a Rádio Relógio, Clarice descia e atravessava a portaria do Edifício Macedo em direção ao botequim do outro lado da rua, onde o português Manuel Constantino lhe vendia na hora o que precisava.

Sobre o cheiro de pão quente, recém-saído do forno, Elsie Lessa escreveu: "Só isto bastaria para fazer o orgulho de qualquer bairro", "broa de milho, pão sovado, brioches, empadas e pastéis", o bairro todo perfumado pelas confeitarias ou padarias: a Rio Leme, a Duque de Caxias e A Nossa Padaria.

A Sapataria Alvorada, as tinturarias Tio Sam e Elisa, um minúsculo cinema, o Danúbio, em cima de um bar, o Alpino: "Grande bar, bem começo do século, bem bávaro, bem antes da era melancólica das boates", lamentou a cronista em pleno território das boates cariocas.

Mãe de dois meninos, imagina-se que Clarice seguia o ritmo do Alpino: segundo Elsie Lessa, a orquestra tocava antes da meia-noite, porque "este bairro é honesto, familiar e deita cedo. Um grande bairro."

Não sabemos se Clarice leu esta crônica, mas, em se tratando de Elsie Lessa, ela gostaria: quando se deu conta do quanto era amada por seus leitores do *Jornal do Brasil*, quis compartilhar com a vizinha do Edifício Estoril e depois do Alvorada, localizado na Atlântica. "Vou telefonar para Elsie, que faz crônica há mais tempo do que eu, para lhe perguntar que faço dos telefonemas maravilhosos que recebo, das rosas pungentes de tanta beleza que me oferecem, das cartas simples e profundas que me mandam."

Bairro que se preza tem grande oferta de transporte, e assim era o Leme de Clarice. Na década de 1960, o bonde entrava pela Gustavo Sampaio e terminava seu trajeto na praça Júlio de Noronha. Outro meio de transporte disponível era o lotação. Na fila de espera, Clarice certa vez encontrou um dos editores da revista *Senhor*, que publicara seus contos. Era o filho de Elsie Lessa, Ivan Lessa. Os dois viram passar um homem com "o seu tranquilo cachorro puxado pela correia". Só que não era cachorro. Ivan sugere que seria um quati, e era mesmo. Nem é preciso dizer, é claro, que o fato virou uma crônica publicada em *A legião estrangeira* (1964): "Um amor conquistado".

Mas não há dúvida de que o meio de transporte preferido por Clarice era o táxi. Suas viagens foram temas de muitas crônicas: ela adorava ouvir música clássica, e se o táxi chegasse ao ponto e a música não tivesse terminado, ela permanecia até o final.

Com minha mania de andar de táxi, entrevisto todos os chofores com quem viajo. Uma noite dessas viajei com um espanhol ainda bem moço, de bigodinho e olhar triste.

(Clarice Lispector, "Amor imorredouro")

Havia quatro pontos à sua disposição, sendo dois mais próximos de seu prédio. O primeiro ficava a poucos metros do Edifício Macedo, na esquina da rua Martim Afonso com a avenida Atlântica. Na próxima quadra da Gustavo Sampaio havia mais um, na esquina da Aurelino Leal (próximo de seu antigo endereço no Edifício Visconde de Pelotas).

Com tão poucas ruas, o Leme podia ser percorrido em poucos minutos. E se Elsie Lessa escreveu que o cheiro do pão perfumava o bairro, para Clarice era o cheiro do mar. Na praia do Leme, aonde levou tantas vezes os filhos, ela aparece em uma única foto. Inúmeras referências ao mar foram registradas em suas crônicas, contos e romances. Uma delas relata uma ida à praia do Leme e o encontro inusitado com três freiras, que ela compartilhou em sua coluna no *Jornal do Brasil* em 24 de abril de 1971.

Numa dessas manhãs fui muito cedo à praia. Era um dia de calor insuportável, mês de março, mas a praia ainda estava deserta, pelo menos essa foi a impressão que tive. Logo desfeita pela visão de quatro freiras, duas de preto e duas de branco, todas apanhando alguma coisa na areia. Pareciam, as de branco, duas pombas. Estavam as quatro descalças. Não aguentei a curiosidade, fui para uma delas. E perguntei: "Posso ajudar em alguma coisa? O que é que as senhoras estão procurando?". "Nada, só conchas, estamos só brincando enquanto esperamos que nos venham buscar." Uma era do Rio mesmo e mora na Rua Oriente, as três outras são de Belo Horizonte e vieram aqui para se tratar: devem ir à praia todos os dias, embora lhes seja proibido entrar no mar.

(Clarice Lispector, "Por falar em banho")

Literatura e jornalismo

Não passava pela cabeça de Clarice manter-se com a pensão recebida do ex-marido para si e para o sustento de seus filhos comuns, nem com os parcos direitos autorais dos seus três primeiros livros. A solução estava na imprensa: antes mesmo de voltar ao Brasil, tornou-se colaboradora da revista *Senhor*, na qual publicou contos desde março de 1959. A recepção positiva estendeu sua participação até 1962, quando também assinou a coluna "Children's Corner", com histórias curtas, pensamentos e crônicas.

Sim, era preciso fôlego e coragem para a escritora e dona de casa dar conta de tantas tarefas nos primeiros anos no Leme. Clarice não media esforços para prover uma educação de qualidade para seus filhos. Por isso, não deve causar espanto seu vínculo com duas páginas femininas: sob o pseudônimo de Helen Palmer, assinou o "Correio Feminino" 1959-1960, no *Correio da Manhã*, e como *ghost writer* de Ilka Soares, escreveu na "Só para Mulheres" 1960-1961, no *Diário da Noite*.

Ilka não foi uma invenção do editor do jornal, Alberto Dines. Vizinha da escritora, a atriz e manequim era casada com o ator Anselmo Duarte e morava no Edifício Cáceres – o número 16 da Aurelino Leal, prédio situado ao lado do Visconde de Pelotas. Enquanto Ilka passava para Clarice as dicas de moda para a coluna, seus filhos Anselmo Jr. e Lidia brincavam com Paulo, o caçula de Clarice. A rua era o local preferido das crianças.

A intensa jornada de trabalho na imprensa roubava o tempo dedicado à literatura. No entanto, bastou a editora Francisco Alves se interessar pelos originais guardados em alguma gaveta do apartamento 301 da General Ribeiro da Costa para que a obra de Clarice voltasse a ser publicada no Brasil. Eram os treze contos de *Laços de família* (1960): havia sete inéditos no livro, pois os demais tinham sido publicados pelo Ministério da Educação e Saúde sob o título de *Alguns contos* (1952).

O Leme foi o bairro onde Clarice Lispector escreveu a maior parte de sua obra, doze dos dezessete livros publicados ao longo de quatro décadas. Deixava, assim, de ser uma presença apenas evocada em notas esparsas nos jornais para se tornar uma referência da cultura carioca e da literatura brasileira.

Críticos literários, colunas de teatro, cinema, artes plásticas, colunismo social, todos passaram a registrar os passos, as opiniões e as publicações da nova moradora do Leme. *Jornal do Brasil, Diário Carioca, Diário de Notícias, Tribuna da Imprensa, Última Hora*. De Jacinto de Thormes, Léa Maria e Zózimo, passando por Stanislaw Ponte Preta, Antônio Maria, Paulo Francis e Hélio Fernandes. E, ainda, Eduardo Portella, Mauritonio Meira e Marly de Oliveira.

"...com admiração e o abraço amigo..."
Oba, a coleguinha escritora Clarice Lispector envia dois livros logo de uma vez para a biblioteca do Lalau: *A cidade sitiada*, em nova edição, e *A legião estrangeira* (contos e crônicas) em primeira edição. Obrigado, amiga. Isto significa que Stanislaw vai passar algumas noites na alegria literária sem ter que sair por aí, em badalações. Livro de Clarice tem até esta vantagem: protege a minha saúde.
(Coluna Stanislaw Ponte Preta, jornal *Última Hora*)

Ausente do Brasil durante quase sete anos e há oito sem publicar um livro, o nome de Clarice começou a circular nos jornais não somente por estar de volta ao Rio, mas em razão de uma campanha movida por escritores de todo o país contra a recusa de seu livro, *A maçã no escuro,* pelo editor Ênio Silveira, da Civilização Brasileira. O que desencadeou o movimento não foi a simples recusa – qualquer editora poderia fazê-lo –, mas a devolução dos originais especialmente solicitados para uma edição quatro anos antes. "Eu só vim a ter conhecimento da campanha quando cheguei ao Rio em julho do ano passado, através de conversa de amigos", comentou Clarice.

Era mais um fato para aumentar a expectativa em torno de sua obra, tão bem acolhida pela crítica nos anos 1940, que propunha um caminho novo, diverso da narrativa regionalista. Lembrando o comentário de Assis Brasil ao lançar *Perto do coração selvagem* (1943), é como se Clarice tivesse "quebrado as torres de uma catedral". Tal expectativa também foi sintetizada por Mauritonio Meira, colunista literário do *Jornal do Brasil*: "De uma escritora conhecida por um pequeno grupo, passou a condição de autora conhecida em todo país".

Novos livros

Após lançar *Laços de família* em São Paulo, em 27 de julho de 1960, com ótima repercussão, a noite de autógrafos que reintroduziria Clarice no cenário literário carioca aconteceu próximo ao Leme, na vizinha Copacabana, no dia 29 de julho de 1960, na esquina da avenida Nossa Senhora de Copacabana com a rua Souza Lima. Na Livraria Eldorado,

Clarice autografou cerca de 150 exemplares em pé. É que ao ver na calçada da livraria uma mesa e uma cadeira à sua espera, "um lugar ostensivo demais para a sua festa de autógrafos" (segundo um jornalista), decidiu acomodar-se no balcão da livraria. Mas contava sempre com a assistência de uma grande amiga, Alzira Vargas do Amaral Peixoto, e com a presença de seus colegas de ofício, Jorge Amado, Rubem Braga, Ferreira Gullar, Lêdo Ivo, Eneida, Lúcio Cardoso e Paulo Rónai.

Foi ainda em Copacabana que voltou a autografar a segunda edição de *Laços de família* (1965), desta vez no Clube dos Marimbás, no Posto 6, localizado ao lado do Forte de Copacabana e da Colônia dos Pescadores. Nessa noite conheceu uma amiga especial, Nélida Helena de Meira Gama, de quem ganharia um missal, único objeto a permanecer intacto em seu quarto após o incêndio em setembro de 1966.

Havia quem apontasse um clima artístico propício para consagrar Clarice como um dos melhores escritores brasileiros de todos os tempos, ainda que seu nome fosse praticamente desconhecido para o público leitor, afirmavam. Diziam que já tínhamos uma narrativa mais ousada na prosa de Cornélio Penna, Guimarães Rosa e Adonias Filho, e o romance nordestino não era mais hegemônico.

O clima propício também tinha sido alimentado pela grande repercussão dos contos publicados, em 1959, na revista *Senhor*, a maioria incluídos em *Laços de família*, esgotado cinco meses após o lançamento. E se "Clarice vende", como noticiou um jornal, a Francisco Alves não perdeu tempo: *A maçã no escuro* estaria nas livrarias em julho de 1961.

Os lançamentos foram programados para São Paulo e Rio. Clarice voltaria mais uma vez à Livraria Eldorado, agora para lançar o livro mais caro do mercado editorial, "um preço escandaloso", noticiou o *Diário Carioca*: novecentos cruzeiros.

O II Festival do Escritor Brasileiro também lançou *A maçã no escuro*, dessa vez na rua Siqueira Campos, no Super Shopping Center Cidade de Copacabana.

Considerando esse início tão promissor, era de se esperar que o Rio de Janeiro acolhesse Clarice de braços abertos, leitores e editores. Mas não foi bem assim: os altos e baixos seriam a tônica de sua trajetória literária ao longo dos anos 1960 e 1970. Tal previsão, aliás, foi feita por alguns críticos, seguros de que o seu aparecimento criou um verdadeiro impasse para a crítica brasileira, que não estava aparelhada para penetrar seu complexo romanesco. Em consequência, o mercado editorial também teve dificuldade em absorver sua obra.

Ao longo de quase duas décadas, foram publicados catorze livros. Nos anos 1960, foi fundamental a ajuda de amigos escritores que haviam se tornado editores. Fernando Sabino e Rubem Braga, proprietários das editoras do Autor e Sabiá, publicaram *A legião estrangeira* (1964), *A paixão segundo G.H.* (1964), *A mulher que matou os peixes* (1968), *Uma aprendizagem ou o livro dos prazeres* (1969) e *Felicidade clandestina* (1971).

Em novembro de 1964, Clarice oficializou sua separação de Maury, e uma nova mudança de endereço estava prevista para o ano seguinte. Ele havia garantido, em 1963, a compra de um imóvel em um edifício em construção, o Macedo, na Gustavo Sampaio, 88. O mercado imobiliário no Leme expandia-se, e no final de 1965, Clarice e os filhos já estavam instalados na principal rua do bairro.

Os primeiros dez anos no Leme mostram como sua obra foi conquistando outras áreas do campo artístico. Seu anonimato no bairro estava com os dias contados: foi grande a repercussão de *Laços de família*, *A maçã no escuro* e a adaptação de seus textos para o teatro, em 1965, dirigido por Fauzi Arap. Maria Bethânia declamava seus textos em *Comigo me desavim* (1967), e houve incursões na literatura infantil com *O mistério do coelho pensante* (1967) e *A mulher que matou os peixes*.

Porém, nada repercutiu com tanta força como a sua coluna aos sábados no *Jornal do Brasil*. Colaboradora desde agosto de 1967, conquistou novos leitores e pôde registrar de tudo um pouco, inclusive impressões sobre o Leme e a cidade do Rio de Janeiro. Sua popularidade foi acentuada com as colaborações na revista *Manchete,* a partir de maio de 1968.

Quem lia o "Caderno B" aos sábados – e os moradores do Leme liam – sabia que a escritora Clarice Lispector ficava incomodada com tanta popularidade: "Todos querem me conhecer. Pior para mim.

Não sou domínio público"; "O *Jornal do Brasil* me está tornando popular. Ganho rosas. Um dia paro".

Os que residiam na Gustavo Sampaio, no Edifício Tietê, souberam do seu drama na madrugada de 14 de setembro de 1966, quando um incêndio de pequenas proporções destruiu o seu quarto por causa de uma ponta de cigarro acesa. Clarice fumava e costumava tomar remédios para dormir, o que pode explicar o acidente.

Moradores do Edifício Tietê, situado na avenida Atlântica, cujos fundos dão para a frente do Edifício Macedo, gritaram ao ver o fogo. O porteiro João Medeiros Farias ouviu e debelou as chamas com o auxílio do sr. Saul, vizinho de porta de Clarice.

Algumas cirurgias para realizar enxertos e a ameaça da amputação da mão direita – a mão que escrevia: Clarice superou tudo e continuou produzindo sua obra. O apoio da família, dos amigos e dos leitores – alguns, moradores do Leme – foi determinante.

O que você escreveu hoje no jornal foi exatamente como eu sinto; e então eu, que moro defronte de você e assisti o seu incêndio e sei pela luz acesa quando você tem insônia, eu então trouxe um polvo pra você.
(Clarice Lispector, "Ana Luísa, Luciana e um polvo")

A hora da estrela

No início dos anos 1970, havia censura às manifestações artísticas pela ação da ditadura militar, e o mercado editorial estava desaquecido – pelo menos em relação às obras de Clarice. A Sabiá tinha sido comprada pela José Olympio em 1973: a mais importante casa editorial dos escritores brasileiros finalmente publicaria Clarice Lispector. A J.O. começou reeditando os livros já lançados pela Sabiá.

Nesse período, a editora Artenova, de Álvaro Pacheco, publicou um livro de bolso para ser vendido na banca de jornal, fato inédito na época. Era *A imitação da rosa* (1973), antologia de contos selecionados pela própria autora. Ele ousou editar *Água viva* (1973), manuscrito inédito que Clarice hesitava publicar por causa do experimentalismo da narrativa. Pacheco encomendou *A via crucis do corpo* (1974), um volume de contos eróticos, e lançou *De corpo inteiro* (1975), entrevistas que Clarice fizera na revista *Manchete*.

A grande transformação na geografia do Leme, na época, aconteceu na avenida Atlântica. Uma obra iniciada em 1969 promoveu a colocação do interceptador oceânico da Zona Sul no calçadão central – a maior obra de esgotos até então efetuada na cidade –, a duplicação da avenida e o alargamento da faixa de areia. Tantos transtornos no dia a dia dos lemenses tinham um lado compensador, pois livrou os moradores dos alagamentos das garagens dos prédios na Atlântica e ampliou a calçada, facilitando a locomoção. A nova avenida foi inaugurada em 1971.

A década seguiu cheia de obstáculos para a moradora do Leme manter-se em seu ofício. O golpe fatal foi sua demissão do *Jornal do Brasil*, em 1974, mas traduções para as editoras Artenova e Imago foram a saída para obter uma nova fonte de renda.

> Clarice Lispector demitida sumariamente do Jornal do Brasil
> Inacreditável mas rigorosamente verdadeiro: Clarice Lispector, considerada uma das maiores cronistas brasileiras e grande figura da nossa literatura (sem falar na sua categoria humana excepcional), foi demitida ontem do *Jornal do Brasil*. E demitida com um simples bilhete, acompanhado das três crônicas que estavam no jornal como adiantamento. O bilhete foi assinado pelo sr. Walter (gate) Fontoura, que não tem gabarito profissional nem para se dirigir a Clarice Lispector, quanto mais para demiti-la.
>
> ★
>
> Logo no início da crise do *Jornal do Brasil*, dissemos que na raiz de tudo estava a briga entre árabes e judeus. Agora, o pânico maior na redação desse jornal é dos judeus ou dos que tenham nome arrevesado que possa parecer judeu.
>
> ★
>
> A demissão da escritora Clarice Lispector, da forma como foi feita e pela própria demissão em si, teve enorme repercussão. Clarice teve fabuloso prestígio intelectual e sua demissão provocou estarrecimento geral.

★

O JB se recusou a pagar indenização a C.L, afirmando que ela era colaboradora e não tinha direito à indenização. Vários grandes advogados trabalhistas já se ofereceram para defender de graça os direitos de Clarice Lispector, pois a nova lei não faz distinção entre colaborador ou outra qualquer categoria. Escreveu em jornal, trabalhou, tem direito a indenização. Será mais uma ação trabalhista que o outrora glorioso jornal da Condessa irá perder na Justiça.
(Helio Fernandes, *Tribuna da Imprensa*)

A boa nova era o editor da Imago ser seu vizinho. Pedro Paulo Sena Madureira morava no Edifício Maracati, na General Ribeiro da Costa. Era uma amizade fraterna que rendia, pelo menos uma vez por mês, um café da manhã delicioso. A madrugadora do Leme chegava muito cedo, quando seu amigo ainda estava dormindo. Não havia nenhum problema: Babá, empregada de Pedro Paulo, sabia como agradar dona Clarice com os quitutes nordestinos. As duas tomavam o café da manhã juntas.

A década de 1970 estava fadada a ser de histórias curtas. Quando Clarice publicou romances, eles mais pareciam novelas por causa de sua extensão, o que pode ser visto em *Água viva*. As 45 crônicas do *Jornal do Brasil*, reunidas em *Visão do Esplendor* (1975) – as "impressões leves", como chamou no subtítulo –, foram lançadas pela Francisco Alves.

Retornou a ligação com a imprensa em dezembro de 1976 como entrevistadora para a revista *Fatos e Fotos: Gente*, atividade que exerceu até outubro de 1977. Sem a coluna do *Jornal do Brasil*, o Leme de Clarice aparecia em pequenos flashes de sua produção literária: as feiras livres e o botequim do sr. Manuel Constantino em frente ao Edifício Macedo; praia deserta de manhã cedo; o ponto de táxi; as amendoeiras da Gustavo Sampaio; e as empregadas do edifício.

De seu cotidiano, eram frequentes as referências à empregada, ao cachorro Ulisses e aos filhos. Em 1971, o caçula Paulo mudou-se para um pequeno apartamento. Aos dezoito anos e cursando a faculdade de Economia, buscava um canto para si, mas próximo da mãe. Alugou um apartamento na Gustavo Sampaio. Em 1974, foi a vez do filho mais velho. Pedro foi morar com o pai, Maury Gurgel Valente, e sua esposa, Isabel, em Montevidéu, no Uruguai.

Após a saída dos filhos, Clarice comprou um cão que era uma mistura de bassê com vira-lata. Ulisses a acompanhou até o final da vida – ela não poderia mais viver sem ele. Sua ligação com os cães vinha desde Nápoles, onde adotou o vira-lata Dilermando.

Em 1977, ano de seu falecimento, colaborou no jornal *Última Hora* republicando crônicas já escritas no *Jornal do Brasil* e lançou, em outubro, seu último livro, *A hora da estrela*, pela editora José Olympio.

Não houve tempo para saber como foi acolhido pelos leitores. Ainda em outubro, Clarice foi internada com uma obstrução intestinal de causa ignorada. Na Casa de Saúde São Sebastião, no Catete, foi submetida a uma cirurgia em 28 de outubro de 1977, onde foi constatado um câncer.

Naquele dia de outubro – 26 ou 27? – começou a se despedir do Leme. Não faltou a Clarice imaginação para propor um faz de conta à Siléa Marchi e à Olga Borelli, que a levavam para a Casa de Saúde São Sebastião. No táxi, ela fabulava: "Faz de conta que a gente não está indo para o hospital, que eu não estou doente e que nós estamos indo para Paris". "Eu também posso ir nessa viagem?", arriscou o motorista. "Lógico que pode, e ainda pode levar a namorada." Então, o motorista confessou que não tinha dinheiro e que sua namorada era idosa. E Clarice: "Ela vai também, faz de conta que você ganhou na loteria esportiva".

Façamos de conta que Clarice foi para "Paris" e escutou a música de Alcyr Pires Vermelho e Alberto Ribeiro.

> Que lindas mulheres de olhos azuis, tu és a cidade luz.
> Paris, Paris, *je t'aime*, mas eu gosto muito mais do Leme.

As despesas com a internação na Casa de Saúde São Sebastião eram muito altas. As amigas Nélida Piñon e Rosa Cass decidiram, então, poupar Clarice e transferi-la para um hospital público, o Hospital da Lagoa, na rua Jardim Botânico.

Ela veria o Leme pela última vez em novembro, ao partir de ambulância para o Hospital da Lagoa acompanhada pelo filho Paulo. E foi no Jardim Botânico, bairro que tanto a inspirou a escrever quando passeava pelas aleias do Jardim, que veio a falecer.

Clarice foi enterrada no dia 11 de dezembro de 1977 no Cemitério Comunal Israelita do Caju, na Zona Norte, parte do Rio de Janeiro onde começou sua trajetória na cidade.

Em 2016, 39 anos após a sua ida para "Paris", ela retornou ao Leme em forma de estátua, esculpida por Edgar Duvivier. Clarice não vive mais na Gustavo Sampaio, n.º 88. Ela e o seu cão Ulisses agora vivem na praia do Leme, no Caminho dos Pescadores Ted Boy Marino.

Caminhos Claricianos no Leme

1 O LEME

Há três versões para justificar o nome do bairro e, por tabela, o da praia. A sabedoria popular afirma que o formato da Pedra do Leme lembra a forma do leme de uma embarcação. Mas os historiadores ponderam: "Refere-se à propriedade que Francisco Pereira Leme tinha no século XVIII, a chácara do Leme". E outros estudiosos complementam: "Era uma das chácaras de João Cornélio dos Santos, que iam da Ponta do Leme até a atual Siqueira Campos: a do Boticário, a do Sobral e a do Leme".

Se o nome do bairro soa poético, os nomes de suas nove ruas evocam personalidades de diferentes épocas da história do Brasil: do período colonial, homenageou-se Martim Afonso pelos feitos administrativos e Anchieta e Antônio Vieira pela missão religiosa. Outras ruas remetem às forças armadas, como Gustavo Sampaio, General Ribeiro da Costa e o Almirante Júlio de Noronha (este último o nome de uma praça), ou ao comércio, como Roberto Dias Lopes, e à política e ao poder judiciário, como Aurelino Leal. Já no campo das artes, temos a ladeira Ary Barroso e a praça Heloneida Studart.

Não se pode esquecer também da rua que mais explicitamente comprova os laços territoriais com Copacabana: a avenida Nossa Senhora de Copacabana, que começa no número 2, na esquina da rua Antônio Vieira, e termina no número 44.

A importância do Leme para a cidade desde o período colonial se deve ao seu sistema defensivo para evitar a entrada de piratas. Veio daí o erguimento do Forte do Vigia, no século XVIII, depois chamado de Forte Duque de Caxias e atualmente conhecido como Forte do Leme.

As terras do Leme foram descobertas por seu vínculo com Copacabana, já que dividem a mesma orla. Tudo começou com um piquenique da família imperial liderado por Dom Pedro II para ver duas baleias encalhadas. Queriam desfrutar também dos benefícios dos ares marítimos propagandeados pelo dr. Figueiredo Magalhães. O impulso final surgiu com a implantação de um serviço de transporte para o bairro se integrar à vida da cidade.

Com a chegada do bonde, veio a necessidade da abertura de logradouros entre o Leme e a Igrejinha, como era denominada a outra ponta da avenida Atlântica, onde existiu uma capela dedicada a Nossa Senhora de Copacabana (atual Forte de Copacabana no Posto 6). Os antigos proprietários das terras do Leme – a família Suzano e o comendador João Cornélio – as venderam para Alexandre Wagner.

Theodoro Duvivier e Otto Simon, genros de Alexandre Wagner, fundaram a Companhia de Construções Civis, deram início à abertura de ruas e desenvolveram o seu loteamento entre 1892 e 1894. O Leme de então era mais extenso que o de Clarice: as terras iam da pedra do Leme à pedra do Inhangá, onde se encontra hoje o Copacabana Palace.

Ruas e praças

2 RUA GUSTAVO SAMPAIO

Começa na praça Almirante Júlio de Noronha e termina na avenida Princesa Isabel.

Gustavo Sampaio foi um tenente florianista atingido mortalmente, aos 22 anos, por catorze estilhaços de granada à frente de seus comandantes no Forte do Lage, durante a Revolta da Armada (1893-1894).

Por que se tornou a rua principal do bairro? A rua em que Clarice residiu durante doze anos, a primeira a ser aberta no Leme, não tinha o traçado atual nas primeiras plantas da Companhia de Construções Civis de Theodoro Duvivier e Otto Simon – era transversal à praia e paralela à rua Antônio Vieira. A avenida Nossa Senhora de Copacabana seria a maior rua do Leme, devendo se prolongar até a praça do Vigia (atual praça Almirante Júlio de Noronha). Em 1900, porém, o projeto foi deixado de lado por causa da pedreira que a detinha. Por isso, a avenida só ocupa um pequeno trecho no Leme, do número 2 ao 44.

Segundo Brasil Gerson, em *As ruas do Rio*: "Para que os bondes fossem até o Vigia foi que a Gustavo Sampaio tomou o seu lugar do outro lado da pedreira em diante".

A famosa feira das segundas-feiras – que existe até hoje – era frequentada por Clarice. Abrangia parte da rua Gustavo Sampaio, a partir da esquina com a Aurelino Leal, e, portanto, passava em frente ao seu edifício. Olga Borelli observou que Clarice reclamava do barulho feito pelos feirantes arrumando suas barracas quando o dia ainda estava amanhecendo. A então jovem moradora Lucia Lessa, estudante de jornalismo e leitora das crônicas de Clarice no *JB*, recorda-se da escritora: "Às vezes de lenço na cabeça, linda no seu tipo eslavo, comprando legumes, verduras e peixe".

3 RUA GENERAL RIBEIRO DA COSTA
Começa na rua Aurelino Leal e termina na esquina da rua Anchieta.

Originalmente chamada Araújo Gondim (em homenagem ao diplomata pernambucano Antonio José Duarte de Araújo Gondim), essa rua foi aberta como forma de compensar os compradores de lotes na rua Gustavo Sampaio, que os adquiriram na certeza de que dariam para a Nossa Senhora de Copacabana.

A nova denominação é uma homenagem a Alfredo Ribeiro da Costa, integrante do movimento pela proclamação da República, nomeado posteriormente ministro do Supremo Tribunal Militar. Tio do urbanista e arquiteto Lúcio Costa, é também irmão de Joaquim Ribeiro da Costa, capitão tenente da Marinha.

Alina, esposa de Joaquim Ribeiro da Costa, herdou um terreno de seu pai nessa rua. Ali, seu marido construiu uma bela casa com jardim e um pomar que terminava "num morro ainda intacto", como relatou em suas memórias a mãe do escultor Edgar Duvivier, Ivna Thaumaturgo (sobrinha-neta de Alina), referindo-se ao morro da Babilônia. Foi no Leme dos anos 1910 que o garoto Roberto Burle Marx começou a cultivar plantas e criar o seu primeiro canteiro na encosta do morro, quintal da casa de seus pais. A convite do vizinho lemense Lúcio Costa, ele realizaria seu primeiro jardim para a família Alfredo Schwartz, em 1932.

No tempo de Ary Barroso, em meados dos anos 1950, a rua se enfeitava em maio para as quermesses promovidas pela igreja Nossa Senhora do Rosário. Então, o compositor trazia artistas que se apresentavam num palco improvisado, feito de caixotes, montado num terreno baldio e pedregoso onde hoje se encontra o Edifício Anvers, no n.º 230.

Quando Clarice morava no Edifício Visconde de Pelotas, no início dos anos 1960, a feira do bairro se concentrava nessa rua. Segundo o feirante João Gaudard, ela começava na esquina da rua Gustavo Sampaio com a Anchieta, entrava nesta última e saía na General Ribeiro da Costa, terminando na esquina desta com a Gustavo Sampaio. A feira ficava lotada. Havia barracas dos dois lados da calçada e vendia-se de tudo um pouco: legumes, verduras, cereais, bijuterias. Era um tipo de feira que quase não se vê mais na cidade.

4 IGREJA NOSSA SENHORA DO ROSÁRIO
Rua General Ribeiro da Costa, n.º 164, Leme.

Única igreja do bairro, pertence à Ordem dos Dominicanos. Suas obras foram totalmente concluídas em 4 de agosto de 1939.

Frei Rolim e Frei Marcos Mendes de Faria foram notáveis personalidades dessa igreja que, desde meados da década de 1950 até o início do século XX, realizaram um grande trabalho social junto aos moradores do Leme. Integraram-se na vida do bairro tornando-se membros da Asaleme.

O dia 2 de fevereiro de 1958 entrou para a história do bairro quando o Frei Marcos atendeu ao apelo de um movimento criado pelos moradores: "A união dos preocupados do Leme". Após celebrar a missa das dez horas, ele foi até a avenida Atlântica e benzeu as águas do mar. Aspergindo água-benta sobre a praia, disse: "Que Deus afaste os perigos do mar para a tranquilidade do povo deste bairro".

As areias tinham desaparecido tragadas pelas ondas e os moradores temiam o desabamento de edifícios: havia uma perfuração totalmente descoberta na muralha de proteção, situada logo após a murada, feita há oito anos para a continuação das obras de galerias pluviais. Impulsionado pelas ressacas, o mar penetrava nos ferros de concreto, ameaçando destruir a murada. Como as infiltrações continuavam, a fenda foi aumentando cada vez mais. E como os edifícios não foram construídos sobre estacas, mas sobre sapatas – pois o terreno era arenoso –, o temor era que o mar deslocasse a areia que ficava debaixo da avenida Atlântica e transpusesse a murada, trazendo a areia das sapatas para a vaga deixada na pista dos automóveis. Um dos edifícios, o Elmar, estava ameaçado de desabamento, e por isso foi demolido.

A Ordem dos Dominicanos ficou muito conhecida por causa de um grupo de freis de São Paulo que apoiou o movimento guerrilheiro da Ação Libertadora Nacional (ALN), liderado por Carlos Marighella, no final da década de 1960. Protegeu perseguidos políticos, escondendo-os em lugares seguros, transportando-os para outras cidades ou mesmo para outro país. O fato culminou na prisão dos freis, sendo a história do frei Tito a mais conhecida.

Uma moradora do Leme, frequentadora da igreja, comentou com o frei Bruno Palma que viu Clarice em algumas ocasiões sentada no banco da igreja vazia. Ao que parece, isso era algo que ela gostava de fazer, pois chegou a registrar na crônica "Quase" uma visita à igreja de Santa Teresinha do Menino Jesus, na rua Lauro Sodré: "Meu táxi aproximava-se do túnel que leva para o Leme ou para Copacabana, quando olhei vi a igreja de Santa Teresinha. Meu coração bateu forte: reconheci dentro da carne da alma, que sentia na dor, reconheci que seria na igreja que eu poderia encontrar refúgio".

Clarice gostava de dialogar sobre o cristianismo; em conversas com Nélida Piñon e Olga Borelli se mostrava impressionada com a proposta de Cristo — amai-vos uns aos outros como eu vos amei. Isso a atemorizava: amar a ponto de dar a vida pelo outro. É sabido que tinha santos de devoção, especialmente Santo Antônio, de quem possuía uma pequena imagem. Nutria afeto por ele, pelo ser humano que representava, mas sem conotação religiosa, segundo seu filho Paulo. Ao entrevistar Zagalo, técnico da seleção brasileira, confessou que nos momentos difíceis se agarrava a Santo Antônio, Santa Rita de Cássia e São Judas Tadeu.

5 RUA AURELINO LEAL

Começa na avenida Atlântica entre os números 478 e 514 e termina na General Ribeiro da Costa. Seu nome original é rua Tomé de Souza.

Aurelino Leal foi político, jornalista e promotor público, mas ficou conhecido na cidade quando, como chefe de polícia no Distrito

Federal, inspirou Donga e Mauro de Almeida nos versos de "Pelo telefone", considerado o primeiro samba gravado no Brasil, em 1917. Leal determinou aos seus subordinados que informassem aos infratores, "pelo telefone", a apreensão do material usado nos jogos de azar. Os versos oficiais da canção eram diferentes da versão popular, que dizia:

O chefe da polícia
Pelo telefone
Mandou avisar
Que na Carioca
Tem uma roleta
Para se jogar
Ai, ai, ai
O chefe gosta da roleta,
Ô maninha

Ai, ai, ai
Ninguém mais fica forreta
É maninha

Chefe Aureliano,
Sinhô, Sinhô
É bom menino,
Sinhô, Sinhô...

No Edifício Cáceres, no número 16 da rua Aurelino Leal, moraram Justino e Lucinda Martins com o filho Carlitos. Lucinda era cunhada de Erico Verissimo, irmã de sua esposa Mafalda. Clarice convivera com os Verissimo em Washington antes de vir para o Leme, e seus filhos Pedro e Paulo eram afilhados do casal. Também trabalhou na revista *Manchete* sob a direção de Justino Martins, jornalista responsável pelo projeto que se tornou a marca registrada da revista, com fotos coloridas e textos leves.

O escritor Luis Fernando Verissimo, filho de Erico e Mafalda, recorda-se do período em que morou no apartamento da tia Lucinda, das idas à Fiorentina, comemorando a Copa de 62, e de um emprego que Clarice lhe arranjou numa agência de publicidade.

É Lucinda quem aparece ao lado de Clarice e seus filhos Pedro e Paulo na única foto existente da família na praia do Leme. Na crônica "Desculpem, mas se morre", publicada no *Jornal do Brasil* em 22 de maio de 1971, Clarice registrou num trecho: "Morreu o grande Guimarães Rosa, morreu o meu belo Carlito, filho de meus amigos Lucinda e Justino Martins...".

No Edifício Cáceres também residiram o casal Ilka Soares e Anselmo Duarte com os filhos, além de um amigo de Paulo Gurgel Valente, Ronaldo Salermo, citado na crônica "Come, meu filho".

6A LADEIRA ARY BARROSO

Começa na rua General Ribeiro da Costa e termina no morro da Babilônia. Um decreto do prefeito Marcos Tamoyo batizou a ladeira em homenagem ao autor de Aquarela do Brasil, em 1975.

Originalmente chamada de ladeira da Babilônia, foi construída por Wilhelm Marx, pai de Roberto Burle Marx, em suas terras. O nome atual é uma homenagem ao compositor, que morava no bairro desde os anos 1930, na rua Gustavo Sampaio, n.º 74, onde depois foi construído o Edifício Montese no número 194.

Ary Barroso comprou o terreno pertencente a um loteamento que a família Burle Marx lançava no local (há quem diga que o amigo Roberto Burle Marx doou o terreno) e mandou construir uma casa de três andares no número 9. Mudou-se para o palacete em 1948. Durante o seu mandato de vereador pela UDN, a partir de 1947, o compositor mandou asfaltar a ladeira.

A partir da segunda metade da década de 1950, foram realizadas obras de saneamento básico e urbanização no local com a união de religiosos da igreja Nossa Senhora do Rosário sob a liderança de Frei Marcos Mendes de Faria, da missionária francesa Renée Delorme e do bispo auxiliar do Rio de Janeiro, Dom Hélder Câmara. Houve também a participação de moradores da comunidade organizados em um comitê da favela (precursora da Associação de Moradores), liderados por Agnaldo Bezerra dos Santos, o "Bola", e integrantes da Asaleme.

Os primeiros moradores do morro foram militares que atuavam no Forte do Leme e operários da construção do Túnel Novo, provenientes de Minas Gerais, Ceará, Pernambuco e Paraíba. Com o tempo, operários de outras construções próximas, como a do Hotel Vogue (que teve a boate mais famosa da cidade nos anos 1950, destruída por um incêndio), se radicaram no local.

Nessa época os moradores do asfalto, como Clarice, não se sentiam ameaçados pela violência. Mesmo assim, ela não ficou alheia às mazelas da população menos favorecida. Logo que se instalou no Leme, "mostrou-se interessada pelo assunto 'favela' e qualquer dia desses pretende dar um pulo lá para ver a coisa de perto", disse em entrevista concedida à jornalista Helena Solberg, hoje cineasta.

Na crônica "Mineirinho", publicada em sua coluna "Children's Corner", da revista *Senhor*, em 1962, e no livro *A legião estrangeira* (1964), ela demonstra sua preocupação com a causa. Segundo relatos, Mineirinho foi um desses bandidos considerados pelos moradores do morro como uma versão carioca de Robin Hood, mas, para a imprensa marrom, um inimigo público número um. Sua morte foi noticiada com estardalhaço e virou filme dirigido por Aurélio Teixeira em 1967.

O *Correio da Manhã* noticiou em 1º de maio de 1962: "José Rosa de Miranda, o Mineirinho, foi encontrado morto, ontem, na estrada Grajaú-Jacarepaguá, no Rio, com treze tiros de metralhadora em várias partes do corpo – três deles nas costas e quatro no pescoço –, uma medalha de ouro de São Jorge no peito e 3.112 cruzeiros nos bolsos, e sem os seus sapatos marca Sete Vidas, atirados a um canto".

Se tomar conta do mundo dá muito trabalho? Sim. Por exemplo: obriga-me a lembrar-me do rosto terrivelmente inexpressível da mulher que vi na rua. Com os olhos tomo conta dos favelados encosta acima.
(Clarice Lispector, datiloscrito de "Água viva")

6B LADEIRA ARY BARROSO, 23 – CASA DE ALOISIO E SOLANGE MAGALHÃES

O endereço original era rua General Ribeiro da Costa, n.º 66, casa 23. Depois, passou a se chamar ladeira Ary Barroso, n.º 23, Leme.

Segundo Clarice Magalhães, seu pai se mudou para a ladeira por volta de 1959-1960. A casa funcionava como residência e escritório de design Magalhães, Noronha e Pontual (MNP). Em 1966-1967, o escritório foi transferido para Botafogo.

O pernambucano Aloisio Magalhães foi pioneiro no estabelecimento do ofício do designer no Brasil. Além de presidente do IPHAN e da Fundação Pró-Memória, foi secretário de Cultura, e casou-se com a artista plástica Solange Magalhães em 1962. Em 1963 nasceu sua primeira filha, Clarice e, no ano seguinte, Carolina. O texto do catálogo da primeira mostra individual de Solange Magalhães, na Galeria Bonino, em 1968, foi assinado por Clarice Lispector.

A ladeira Ary Barroso era considerada um paraíso nos anos 1960. Muito verde, pitangueiras, poucas casas e uma vista deslumbrante bem perto da casa da família Magalhães. O comércio praticamente inexistia. O biscoito "cavaquinha", o preferido das irmãs Carolina e Clarice, era uma das poucas ofertas no local. A padaria entregava o leite e o pão, deixados numa caixa na casa 23.

A falta de luz e água eram frequentes. Como a casa era abastecida por uma enorme cisterna, Solange distribuía água para os moradores, que formavam uma longa fila com suas latas. Mas quando a água da chuva descia com toda a força, a casa dos Magalhães alagava.

Ao subir a ladeira para visitá-los, Clarice gostava de ficar na biblioteca, onde havia uma grande coleção de discos, a escrivaninha de Aloisio e uma rede. Numa dessas visitas, Solange pintou um retrato de Clarice.

Quando os Magalhães iam até a rua Gustavo Sampaio, Clarice os brindava com histórias. Ela gostava de ler o que acabara de escrever para suas leitoras mirins, Carolina e Clarice. Esta se lembra especialmente da voz pausada e um pouco rouca da escritora, e dos dedos sem as unhas, por causa do incêndio. Clarice não pedia opinião, simplesmente conversava sobre a história. No final, servia casadinho de goiaba com Coca-Cola.

Era sempre um encontro inesquecível. Como Clarice escreveu: "Três encontros que são quatro". Assim ela registrou um deles em sua coluna no *Jornal do Brasil*, em 21 de agosto de 1971:

O terceiro encontro – como nos Três Mosqueteiros *que na verdade são quatro – foi duplo: revi as duas filhas de Aloisio e Solange Magalhães. Uma tem meu nome e é engraçado a gente se falar. Parece que se está tendo o diálogo perfeito. Deu-me dois quadros por ela desenhados e em um deles escreveu: "Para Clarice de Clarice". E havia a quarta mosqueteira que era Carolina. São o que se pode esperar de uma criança: limpidez e pureza e criatividade e afeto e naturalidade. Foi um encontro feliz.*

(Clarice Lispector, "Três encontros que são quatro")

7 PRAÇA ALMIRANTE JÚLIO DE NORONHA

Localizada no começo da avenida Atlântica e da rua Gustavo Sampaio, sua calçada foi tombada pela prefeitura do Rio de Janeiro, em 4 de agosto de 2009, por ser uma das obras paisagísticas de Roberto Burle Marx.

Seu nome é uma homenagem ao almirante Júlio César de Noronha (1845-1923), militar brasileiro, herói da Guerra do Paraguai, ministro da Marinha e ministro do Supremo Tribunal Militar. Também é conhecida como praça do Leme, anteriormente denominada praça do Vigia, por causa do antigo Forte do Vigia (1776-1779), erguido por determinação do marquês de Lavradio para reforçar as defesas da baía de Guanabara e impedir eventuais desembarques de franceses e espanhóis.

Desde o tempo de Clarice, o Forte Duque de Caxias – ou Forte do Leme, agora Centro de Estudos de Pessoal (CEP) – é a principal edificação da praça. Mas foi só a partir de 1987 que passou a atuar em parceria com os moradores ao apoiar a iniciativa da Associação de Moradores e Amigos do Leme (Amaleme), liderada pelo dentista Plínio Loures Senna (nascido e criado no bairro), e pela Prefeitura no projeto de reflorestamento dos morros do Urubu e da Babilônia. O sucesso dessa ação gerou a criação da Área de Proteção Ambiental do Leme (APA), em 1990.

Outra edificação importante localizada na praça é a Escola Municipal Santo Tomás de Aquino, única do bairro, fundada em 1960, por iniciativa da primeira associação de moradores do asfalto, a Asaleme.

Em 1945, a sede da Sociedade Pestalozzi do Brasil, fundada pela psicóloga e pedagoga Helena Antipoff, foi instalada numa casa na Gustavo Sampaio, n.º 29, na esquina da praça com fundos para a avenida Atlântica. Pioneira na educação especial, a instituição deu assistência às crianças portadoras de deficiência e à população carente. Augusto Rodrigues deu aulas na Pestalozzi antes de conhecer Clarice e antes de ela ir para o Leme. A dra. Helena Antipoff foi mentora intelectual e inspiradora para a criação da Escolinha de Arte do Brasil.

Clarice passeava na praça com o seu cão Ulisses durante a semana, quando Olga Borelli a visitava: "Saíamos ao entardecer para um passeio com Ulisses na praça do final do Leme. Sentávamo-nos sob as amendoeiras; ficávamos horas ali. Ela mergulhada em si mesma, em silêncio, mas atenta a tudo, às conversas de mães e babás, às crianças brincando, à felicidade de Ulisses". Elas permaneciam até as luzes se acenderem, quando Clarice se levantava indicando que queria ir embora.

Edifícios

8 EDIFÍCIO VISCONDE DE PELOTAS

Rua General Ribeiro da Costa, n.º 2, apartamento 301, Leme.

Clarice morou no edifício entre 1959 e 1965. É um prédio de doze pavimentos, quatro por andar, num total de 48 unidades. Clarice alugou o apartamento 301 no dia 8 de julho de 1959 por dezesseis mil cruzeiros. Segundo Paulo Gurgel Valente, o imóvel tem três quartos; um deles, contíguo à sala, era aberto, onde funcionava o "escritório" dela, registrado em fotos publicadas em revistas e jornais. Nele se via a estante e um abajur. De sua janela, parte da praia. O outro quarto que dava para a frente da rua era o dos filhos, e o quarto dos fundos, o de Clarice.

A sala com uma ampla janela é conhecida parcialmente pelas fotos, uma delas a de uma matéria feita pela revista *Realidade* em 1961. A fotógrafa Claudia Andujar clicou Clarice sentada no sofá diante da máquina de escrever com a cortina por detrás, na mesma janela (o tecido da cortina tem imagens do pintor holandês Mondrian). A ideia da foto foi da própria Clarice que, enquanto era retratada, se deixou absorver pelo ato de escrever, como se não notasse a presença da fotógrafa.

A área de serviço é espaçosa e ligada à cozinha. Paulo sempre achou que a descrição do quarto da empregada Janair, em *A paixão segundo G.H.*, fosse a área de serviço desse apartamento. A suspeita se confirma, pois o livro foi escrito nesse imóvel.

9 EDIFÍCIO MACEDO

Rua Gustavo Sampaio, n.º 88, apartamento 701, Leme.

Clarice morou no edifício entre 1965 e 1977. É um prédio de treze pavimentos, dois por andar, num total de 26 apartamentos. Foi construído no terreno do antigo número 48 dessa rua. Os financiadores da construção do prédio foram judeus poloneses, entre eles os irmãos Jacob e Salomão Geluda; o engenheiro responsável foi Samuel Fegh. Os irmãos ganharam dois apartamentos na venda do prédio: o 1201, Jacob Geluda deu de presente para a filha Mary Geluda, que em 1969 passou a morar no local com o marido Moises Groisman.

O prédio ainda estava em construção quando Maury Gurgel Valente comprou de Jacob e Lea Geluda, em 14 de setembro de 1963, os direitos aquisitivos sobre a fração do terreno correspondente ao apartamento 701.

O imóvel de Clarice tem três quartos, uma sala ampla, cozinha e área de serviço. No canto da sala onde fica a janela (Clarice o chamava de terraço), Gilles a maquiava mensalmente. Nessa espécie de "jardim de inverno", Gilles via muitas revistas, papéis, a máquina de escrever e um porta-retratos com a foto de Ulisses de chapéu e um cigarro na boca.

No mesmo canto do jardim de inverno ficava o seu lugar de trabalho: um sofá de dois lugares, onde ela escrevia com a máquina Olympia no colo, ao lado uma mesa com alguns livros, seus textos datilografados, cinzeiro, maço de cigarros etc. Em frente, uma cadeira de balanço sobre a qual também colocava seus manuscritos.

A parede que ia da porta de entrada do apartamento até a cozinha era revestida com um painel de pinho de riga. Acima deste, via-se o *Açude da Solidão*, de Franceschi. Na parede oposta ao lugar de trabalho havia três estantes, um sofá e uma cadeira com braço de madeira.

As referências à ambiência da sala pelos entrevistadores nos anos 1970 citam "conchas e algas mortas sobre a mesa de mármore", "dois santos numa redoma, uma rede pendurada e o retrato dos filhos quando eram bem pequenos". Heloisa Azevedo também se lembra de peças do artesanato indígena.

Vizinha de porta, do 702, Heloisa era a única com quem Clarice se dava. A escritora a visitava com frequência, por volta das três da tarde, para tomar um cafezinho e fumar. Pedia opinião sobre vestidos e problemas domésticos, tais como consertar a tecla da máquina de escrever. Heloisa, que morou no Recife antes de vir para o Rio, sempre trazia de suas viagens ao Nordeste peças que deixavam a vizinha muito feliz, dando à sala aquele "ar de Recife". Definia-se como alguém que vive para se dar aos outros, e foi ela quem, no dia do incêndio, socorreu Clarice e a levou para o Hospital Miguel Couto.

Os quadros eram um caso à parte, sempre mencionados nas reportagens, em especial seus retratos pintados por De Chirico (1945), Ceschiatti (1947), Carlos Scliar (1972) e Ismailovitch (1974). Da galeria via-se, entre outros, Iberê Camargo, Grauben, Fayga Ostrower, Djanira, Lúcio Cardoso, Angelo Savelli e Maria Bonomi.

A "galeria de Clarice" era comentada em suas crônicas e nas reportagens. Particularmente, dois quadros se destacam: "A anunciação" (1944), de Angelo Savelli, tinha lugar de destaque atrás do sofá, sobre o qual escreveu uma crônica em que constata que "todo ser humano é responsável pelo mundo inteiro". O outro é a matriz da gravura "Águia" (1967), de Maria Bonomi. Ao pedir que a comadre escolhesse uma gravura, Maria ouviu o pedido inusitado: Clarice quis a própria matriz, pendurada na parede da sala. O presente virou uma crônica: "E o livro que eu estava tentando escrever e talvez publique corre de algum modo paralelo com a sua xilogravura [...] Maria escreve meus livros e eu canhestramente talho a madeira".

Segundo Olga Borelli, o quarto de Clarice, em frente ao banheiro, era despojado: "Um armário embutido ocupando toda a extensão da parede, uma cama espaçosa, uma estante com seus livros, uma escrivaninha antiga, uma estante pequena sob a janela com caixinhas de cremes, maquiagem, e sempre um copo cheio de água. De cor verde-claro, o quarto tinha duas janelas. Uma, ampla, dava para a rua Gustavo Sampaio; a outra, menor, para as quadras de tênis de um clube, o Leme Tênis Clube, acima das quais se estendia a vegetação dos morros do Forte do Leme".

O quarto de Pedro era o primeiro, ao lado do de Clarice. O de Paulo ficava no final do corredor e era o maior, com uma suíte.

O almoço era ao meio-dia, geralmente alimentação trivial, segundo Olga Borelli. Não comia sobremesa e, quando o fazia, eram frutas da estação. Não jantava. Por volta das seis horas lanchava café com pão e manteiga ou biscoitos com uma fatia de queijo.

A atual moradora do apartamento é a atriz e cantora Zezé Motta.

10 EDIFÍCIO MARACATI
Rua General Ribeiro da Costa, n.º 190, Leme.

Construído em 1950, guarda uma raridade em sua portaria: dois painéis em mosaico do muralista, pintor e desenhista Paulo Werneck, introdutor da técnica do mosaico no Brasil que participou de vários projetos de Oscar Niemeyer. Fez mais de trezentos painéis em prédios e residências em todo o país. No Leme há outro painel de Werneck na fachada do Edifício Anvers, na rua Anchieta, n.º 24.

Dois amigos de Clarice moraram no Maracati: Mariazinha Telles Ribeiro, esposa do diplomata Edgar Telles Ribeiro, que a conheceu quando ela residiu em Washington, e Pedro Paulo Sena Madureira, que foi editor da Imago.

Clarice traduziu livros para a Imago: um deles foi *A rendeira* (1974), de Pascal Lainé. Nos anos 1980, Pedro Paulo tornou-se gerente editorial da Nova Fronteira, que adquiriu os direitos autorais da obra de Clarice, logo após seu falecimento.

11 EDIFÍCIO LUAR
Rua Gustavo Sampaio, n.º 410, apartamento 902, Leme.

Paulo Gurgel Valente morou neste edifício entre 1971 e 1976, período em que ingressou no curso de Economia da UFRJ. Localizado a poucos metros do apartamento da mãe, costumava almoçar com Clarice diariamente. Mudou-se do Leme quando se casou com Ilana Kaufman em 7 de abril de 1976.

Nos anos 1980, uma moradora muito querida pelos lemenses passou a residir no edifício: a atriz Rogéria.

Hotéis

12 HOTEL LUXOR CONTINENTAL
Rua Gustavo Sampaio, n.º 320, Leme. Atual Novotel.

O Grupo Luxor, de Walter Ribas, era proprietário do Hotel Regente e do Luxor Hotel, ambos em Copacabana, quando construiu o Hotel Continental. Segundo o administrador Pedro Lima, o prédio foi erguido entre o final da década 1960 e o início dos anos 1970.

Na entrada principal pela rua Aurelino Leal (hoje a lateral do hotel), vê-se um grande mural com imagens da fauna e da flora, datado de 1971. É de autoria de um dos maiores artistas plásticos do Brasil, o curitibano Poty Lazzarotto, amigo de Augusto Rodrigues e colaborador da Escolinha de Arte do Brasil.

Um segundo prédio foi anexado ao hotel por volta de 1976-1977. Em 1979, Poty compôs outro painel cujo tema foi o jogo do bicho, que cobre as paredes do saguão à esquerda da atual entrada e segue na parede dos elevadores. Os painéis são pouco conhecidos pelos moradores do Leme e pelos cariocas.

Clarice hospedava-se neste hotel quando precisava sair de circulação, para fugir da rotina ou fazer a revisão de um livro. Foi o que aconteceu com *Uma aprendizagem ou o livro dos prazeres* (1969), fato registrado em uma reportagem de Remy Gorga Filho e confirmado por Paulo Gurgel Valente.

8 de janeiro de 1975
Olga, senti necessidade de maior concentração e de isolamento, longe do telefone, necessidade de "ir embora" e sozinha. De modo que estou no Hotel Continental, onde ficarei até sábado, ao meio-dia. Se eu descansar logo, interrompo a estada e volto antes para casa. Até sábado. Abraços da Clarice.
(Bilhete de Clarice a Olga Borelli)

> Para coordenar um mundo de notas, as notas que armazenava para escrever o seu último livro, *Uma aprendizagem ou o livro dos prazeres*, alugou um quarto em hotel do Rio, para ter a solidão e a tranquilidade de que precisava.
> (Remy Gorga Filho, "Clarice Lispector: Eu não sou um monstro sagrado")

13 HOTEL LE MÉRIDIEN
Avenida Atlântica, n.º 1.020, Leme. Como fica no final do Leme, na divisa entre o Leme e Copacabana, foi incluído no Leme. Atual Hotel Hilton.

Projetado por Paulo Casé e Luiz Acioli, é o mais alto edifício da orla, com 39 andares, e um dos pontos turísticos mais famosos do Rio de Janeiro.

Quando foi inaugurado, em 1975, pertencia à companhia aérea Air France. O hotel ficou conhecido pela cascata em fogos de artifício da noite do réveillon em Copacabana, desde 1977, que caía de uma altura de 117 metros. No *Guinness*, o evento consta como a mais alta cascata pirotécnica da América do Sul. O espetáculo durou até 2001.

No Méridien funcionou o restaurante Café de La Paix, onde Clarice gostava de tomar um chá completo – com croissants, torta de chocolate e queijos – na companhia da amiga Olga Borelli ou do filho Paulo.

Restaurantes

 RESTAURANTE LA FIORENTINA
Avenida Atlântica, n.º 454 A, Leme.

Começou a frequentar a Fiorentina quando morava na rua General Ribeiro da Costa. A cinco minutos de seu apartamento, só precisava seguir a Aurelino Leal até a esquina com a Atlântica.

As amigas Maria Bonomi, Nélida Piñon e Rosa Cass se recordam das idas à Fiorentina com Clarice. Paulo se lembra do prato predileto de sua mãe: coquetel de camarão. Bebia Coca-Cola, às vezes uma taça de vinho tinto, e sempre um café. Havia um garçom espanhol que a atendia, muito querido pelos clientes. Seria o Queirolo?

Rosa Cass se lembra dos almoços aos sábados, quando elas dividiam um prato de frango com batata *grisette*.

Quando Maria Bonomi vinha ao Rio, o Leme sempre fazia parte de seu roteiro. A qualquer hora do dia ou da noite, ela e Clarice comiam, beliscavam ou bebericavam. Conversavam com total liberdade sobre tudo. Quando se aproximavam pessoas que a incomodavam, Clarice sugeria que fossem para a praia. As duas levavam a pizza numa espécie de quentinha, sentavam-se na areia, olhando o mar, e comiam com as mãos e "nos matando de rir", recorda-se Bonomi.

Primeiro, o restaurante se chamou Furna da Onça, depois Luigi e, por fim, La Fiorentina, a partir de 1957. A "Fiora", como a chamam os clientes mais antigos, existe há mais de seis décadas. Pode ser considerado um museu a céu aberto – fato raro e sem precedentes na cidade, talvez no Brasil – por nele se encontrarem pilastras autografadas e paredes repletas de fotografias de muitos artistas que fizeram ou fazem parte da cena cultural carioca desde os anos 1960.

Por suas mesas passaram Ary Barroso, Bibi Ferreira, Tônia Carrero, Paulo Autran, Paulo Pontes, Glauber Rocha, Mário Lago, Jorge Dória, Anselmo Duarte e Orlando Miranda. Entre os internacionais, Jean Paul Sartre, Simone de Beauvoir, Rock Hudson, Mick Jagger, Rudolf Nureyev, Rita Hayworth, Romy Schneider e Kim Novak, as três últimas levadas por Jorginho Guinle nos anos 1960.

Há centenas de autógrafos em suas pilastras: de Nara Leão a Dercy Gonçalves, de Fernanda Montenegro a Ana Botafogo. O de Clarice foi apagado devido ao incêndio que destruiu o restaurante em novembro de 1987. Para preencher essa ausência, duas fotos podem ser vistas no local. A primeira, doada por Teresa Montero em 2005, traz a escritora em seus vinte e poucos anos. A outra, doada pelo proprietário Omar Peres, mostra Clarice com os dois filhos pequenos em uma praia não identificada, que muitos acham que é a do Leme.

O surgimento dessa referência cultural da cidade é cercado de uma lenda. Segundo o proprietário da Fiorentina, Omar Peres, seu padrasto Sylvio Hoffman pagou, durante uma estada na Europa, um jantar para Picasso que, agradecido, retribuiu com um desenho em um guardanapo. Com a venda do guardanapo, ele comprou o restaurante. Quem sabe assim estaria explicada a presença permanente de artistas dando existência à "Fiora". Sylvio comprou a Fiorentina depois de ter se dedicado a uma promissora carreira de jogador de futebol, incluindo a participação na seleção brasileira de 1934. Para integrar a sociedade, convidou Araken dos Santos Lima e Luigi Mecocci, um dos quatro sócios italianos da administração anterior.

Entre 1968 e 1976, o restaurante viveu sua fase áurea. Virou local de encontro de artistas de teatro, TV e cinema, além de jornalistas e políticos. O casal Sylvio e Zélia Hoffman atraía a simpatia dos clientes, e não foram poucas as ocasiões em que ofereceram jantares gratuitos aos artistas desempregados. Quem quisesse trabalhar ou namorar batia o ponto no restaurante.

Por ser vedete de Carlos Machado, fazer parte do elenco da TV Rio e ter sido premiada em concursos de fantasias do Theatro Municipal,

Zélia Hoffman tornou-se um polo de atração da classe artística. Pode-se dizer que a Fiorentina foi criada com o apoio da classe artística. Os então jovens Daniel Filho, Maurício Sherman, Norma Bengell e Chico Anysio eram *habitués* do restaurante. Naquele momento nascia a TV brasileira, e a Fiorentina era uma espécie de grande palco.

Sylvio Hoffman ficou à frente do estabelecimento até 1969, quando Araken o comprou e deu sociedade a Luiz Queirolo e Bruno Puppo. Um ano após o incêndio ocorrido no restaurante em novembro de 1987, Araken cuidou de sua reinauguração e da restauração das assinaturas perdidas no acidente. O La Fiorentina ficou sob a sua direção até 22 de dezembro de 1992.

Oito anos depois, em 20 de dezembro de 2000, o restaurante foi comprado e reaberto pelo enteado de Sylvio Hoffman, Omar Resende Peres (o Catito). Separado de Zélia, Sylvio casou-se com Maria Amália, moradora da rua General Ribeiro da Costa, uma mineira, viúva, recém-chegada ao Leme e com cinco filhos pequenos: Márcio, Marcelo, Roberto, Jaqueline e Omar.

Uma das iniciativas de Omar Peres para reformar o restaurante foi convidar a restauradora Lucia Teles entre novembro de 2011 e agosto de 2013. O trabalho de restauração das colunas se deu em várias etapas, que envolviam a remoção da sujeira acumulada por placas de gordura, pela ação da maresia, pelas intervenções de clientes que deixaram assinaturas, desenhos ou frases feitas com caneta, marcas de pés e arranhões. Incluiu, também, restaurar partes que foram emassadas na primeira recuperação após o incêndio, quando foi feita uma obra civil para resgatar a estrutura do imóvel, como o teto e as colunas.

As paredes que receberam assinaturas mais recentes, com excceção das colunas, foram cobertas com placas de acrílico para protegê-las.

15 RESTAURANTE VENEZIANA
Rua Gustavo Sampaio, n.º 410, loja C, Leme.

O Veneziana já foi confeitaria, pizzaria e sorveteria. Nos anos 1970, Paulo Gurgel Valente era seu frequentador assíduo, pois morava ao lado, no Edifício Luar. Clarice chegou a acompanhá-lo em algumas ocasiões, partilhando um pedaço de pizza.

Padarias e mercearias

16 CASAS GAIO MARTI
Rua Gustavo Sampaio, n.º 361, Leme. Atual Pizzaria Vezpa.

Mercearia bastante presente na memória dos moradores, onde as compras eram registradas numa caderneta e pagas no final do mês, segundo Paulo Gurgel Valente.

17 PADARIA DUQUE DE CAXIAS
Rua Gustavo Sampaio, n.º 508, esquina com a rua Anchieta, Leme.

Nessa padaria eram compradas as iguarias servidas no café da manhã que Clarice tomava com Babá, empregada de seu amigo Pedro Paulo Sena Madureira, morador do Edifício Maracati.

Desde 1960, seus sócios eram Arthur Pires e Joaquim Silva, hoje já falecidos. Os atuais proprietários são seus herdeiros, Joaquim e Jorge.

18 SORVETERIA E CONFEITARIA GATÃO
Rua Gustavo Sampaio, n.º 528 A, Leme. Atual Bar Gatão.

Frequentado pelos boêmios do Leme, vende tira-gostos, cerveja, sanduíches, refeições e café.

No tempo de Clarice, era uma sorveteria bastante apreciada pelos moradores. É citada na crônica "Come, meu filho", publicada pela primeira vez na coluna "Children's Corner", da revista *Senhor*, e depois em *A legião estrangeira* (1964). Quando a escreveu, Clarice morava no Edifício Visconde de Pelotas, na General Ribeiro da Costa. O texto reproduz o diálogo entre mãe e filho (Clarice e Paulo) na hora da refeição:

– Onde foi inventado feijão com arroz?
– Aqui.
– Ou no árabe, igual que Pedrinho disse de outra coisa?
– Aqui.
– Na Sorveteria Gatão o sorvete é bom porque tem gosto igual da cor. Para você carne tem gosto de carne?
– Às vezes.

(Clarice Lispector, "Come, meu filho")

Bancas de jornal

19 BANCA DE JORNAL DE SALVADOR VANZILLOTTA E DE SEUS FILHOS SANTO E FRANCISCO

Rua Gustavo Sampaio, s./n., Leme. Localizada em frente à Padaria Duque de Caxias.

É a banca mais popular do bairro. No tempo de Clarice, os jornais tinham duas edições: a matutina e a vespertina. Santo Vanzillotta lembra-se dela comprando jornais e revistas: "Era a mulher lua", referia-se à forma como ela o tratava. É que nem sempre estava sorridente, mas o pai sempre lhe dizia que devia tratá-la bem. Chamava a atenção pela beleza e pela elegância com que se vestia. Gostava de comprar o *Correio da Manhã*, o *Diário de Notícias*, as revistas *Manchete* e *O Cruzeiro* e o *Jornal do Brasil*.

Santo e seu pai (já falecido) sempre foram queridos pelos moradores. Que o diga Danuza Leão, ex-moradora do Leme nos anos 1980: "Eles vendem fiado e até emprestam dinheiro para comprar pão na padaria". Salvador era o companheiro preferido do dramaturgo Nelson Rodrigues para tomar uma bebida no boteco da esquina da rua Gustavo Sampaio com a Anchieta, no bar Turista do Leme. Nelson morava no Edifício Sabará.

O Turista do Leme ficava ao lado de uma mercearia onde Clarice foi fotografada com o filho Paulo para uma matéria do *Jornal do Brasil*. A foto foi reproduzida na revista *Manchete* e no *Correio da Manhã*. Atualmente, funciona no local o Hortifruti Anchieta do Leme.

A série de fotos são os únicos registros fotográficos da escritora nas ruas do bairro.

20 BANCA DE JORNAL DE FAUSTO MANTELLI E GUIDO CRETELLI

Rua Aurelino Leal, s./n., esquina com a rua Gustavo Sampaio, Leme.

Ficava em frente à casa do psiquiatra Henrique Roxo, um dos mais célebres da cidade, conhecido no bairro por atender gratuitamente a população menos abastada. A casa foi demolida para dar lugar ao Hotel Luxor Continental.

O italiano Fausto Mantelli chegou ao Rio de Janeiro por volta de 1955. Após seu falecimento, dona Maria, sua esposa, e o cunhado Salvador Perrota ficaram à frente do negócio.

Clarice foi fotografada em frente à banca onde se vê ao fundo o Edifício Nelson, que existe até hoje na esquina com a Gustavo Sampaio. Na época, ela morava na General Ribeiro da Costa, ocasião em que foi clicada em outros pontos do bairro.

21 BANCA DE JORNAL DO SEU ZÉ
Rua Gustavo Sampaio, n.º 223, Leme. Em frente ao Edifício Alvorada.

O proprietário José Leôncio esteve à frente desse estabelecimento durante 45 anos. Recém-chegado do Ceará, assumiu a banca em 1971. Era um ponto de encontro para um bate papo entre moradores, como o coronel Dulcídio do Espírito Santo Cardoso, prefeito do Rio entre 1950-1954 e morador do Porto Mar Porto Sol, e o dramaturgo Nelson Rodrigues.

O fantasma da ditadura também passava pelo Leme dos anos 1970. José Leôncio recorda-se de um general, morador na Gustavo Sampaio (não foi Dulcídio Cardoso), que controlava as manchetes dos jornais com receio de que seu nome fosse difamado, pois fazia parte do grupo de militares da chamada "linha dura". Chegou ao ponto de censurar o jornaleiro, certa vez, quando soube que o jornal em que havia sido citado fora vendido aos moradores.

Seu Zé lembra-se de Clarice comprar o jornal em algumas ocasiões (não havia o sebo na época), ora sozinha, ora com o cachorro Ulisses. Em outras ocasiões, era a empregada Geni quem vinha com o cachorro. Nos últimos anos, José Leôncio transformou o espaço em banca e sebo. Em 26 de setembro de 2015, o batizou de Sebo Clarice Lispector por sugestão de "O Rio de Clarice", durante o aniversário de oito anos do passeio.

Após o seu falecimento, em 18 de agosto de 2016, suas filhas Nathália e Vanessa, compraram uma nova banca e reinauguraram o sebo com o nome de Banca Sebo do Leme. Atualmente, o estabelecimento encontra-se fechado.

Farmácia e salão

22 FARMÁCIA LEMEFAR

Rua Gustavo Sampaio, n.º 323 A, Leme. Localizada na esquina da rua Aurelino Leal. Atual Bar Gaia Arte & Café.

O proprietário era Tobias Timovski. Chicão (Francisco Nunes), entregador das mercadorias da loja, recorda-se de Clarice pedir colírio e medicamentos em geral por volta de 1973.

23 SALÃO NEW YORK

Rua Gustavo Sampaio, n.º 576, loja C, Leme. Atual Unidas Material de Construção.

O cabeleireiro Pedro Estevão lembra-se de ver Clarice cortando seu cabelo ali. Na época, muito jovem, trabalhava no salão servindo cafezinho. Em seu caderno de telefones, Clarice fez a seguinte anotação: "Salão New York – cabelereiro Toledo". Curiosamente, a conta de luz da loja ainda aparece com o nome do Salão New York.

Quarenta anos depois, o estabelecimento foi transformado em uma loja de ferragens e materiais de construção cujo proprietário desde o ano 2000 é José Mario Vairo. Foi nesta loja que Edgar Duvivier terminou comprando uma das latas de cola Sikadur para fixar as estátuas de Clarice e Ulisses no dia 14 de maio de 2016.

Pedra do Leme

24 ESTÁTUA DE CLARICE E SEU CÃO ULISSES

Caminho dos Pescadores Ted Boy Marino, Praia do Leme.

Em 14 de dezembro de 2014, o local passou a ser denominado Caminho dos Pescadores Ted Boy Marino, em homenagem ao praticante de luta livre e ator, morador do Leme durante quarenta anos, no Edifício Tietê.

Localizado no sopé do morro do Leme, o Caminho dos Pescadores é um local de pesca e lazer de onde se contempla toda a orla da avenida Atlântica.

No tempo em que Clarice morou no Leme, o local não tinha luz nem barra de proteção; para pescar, os pescadores se posicionavam nas pedras. Sua construção, em dezembro de 1986, teve o objetivo de protegê-los das ressacas.

A estátua de Clarice Lispector ao lado de seu cão Ulisses, esculpida pelo artista plástico Edgar Duvivier, foi paga com a venda de quarenta maquetes do monumento, pelo preço unitário de R$ 2.500,00. A escolha do local e a ideia de vender as maquetes foram do próprio escultor, após inúmeras tentativas frustradas de obter patrocínio.

Data de 2012 a ideia de "O Rio de Clarice" de sinalizar o Leme como um caminho clariciano em forma de estátua. No entanto, somente a partir da reportagem "No Leme de Clarice Lispector" (*O Globo*, 2013) foi que se criou uma campanha pela estátua, idealizada por "O Rio de Clarice", pela atriz e madrinha Beth Goulart, por Niura Antunes (moradora do edifício Macedo) e Mariana Muller, autora da matéria. A iniciativa foi apoiada pelos leitores de Clarice, que participaram de dois abaixo-assinados: na temporada de *Simplesmente eu, Clarice Lispector* (com Beth Goulart) e no restaurante La Fiorentina, em 7 de junho de 2014.

A estátua foi inaugurada no dia 14 de maio de 2016, e ao seu lado foi colocada uma placa com um trecho extraído de "As três experiências", selecionado por Paulo Gurgel Valente:

Há três coisas para as quais eu nasci e para as quais eu dou a minha vida. Nasci para amar os outros, nasci para escrever, e nasci para criar meus filhos. O "amar os outros" é tão vasto que inclui até perdão para mim mesma, com o que sobra.

(Clarice Lispector, "As três experiências")

Caminhos Claricianos por Copacabana

O Leme está inserido no traçado da avenida Atlântica, onde foram erguidos dois bairros que, à primeira vista, podem parecer um só. Há quem defenda que o Leme é o glorioso ponto de partida da praia de Copacabana, pois a avenida Atlântica começa no bairro, onde vemos a Pedra do Leme.

25 LIVRARIA ELDORADO
Avenida Nossa Senhora de Copacabana, n.º 1.187-1.189, Copacabana.

Era a mais conhecida livraria dos anos 1960, junto com a Livraria São José (rua São José, n.º 38). Quando se tornou editora, publicou livros como *O casamento* (1966), de Nelson Rodrigues. Inúmeras noites de autógrafos foram realizadas no local por ícones da literatura brasileira, como Fernando Sabino, Rubem Braga e a irmã Elisa Lispector com o romance *O muro de pedras* (1963).

A noite de autógrafos de *Laços de família* foi em 29 de julho de 1960, e a de *A maçã no escuro* aconteceu em 14 de julho de 1961. Essa modalidade de lançamento de livro era uma novidade na época.

Atual fundo do Hotel Regente Golden Tulip, entre as ruas Sá Ferreira e Souza Lima, a livraria de Décio Guimarães de Abreu fechou as portas em 1984, mas a filial na Tijuca, de Aurélio Guimarães de Abreu, completou 62 anos. Desde os anos 2000, está sob o comando de Isaque Lerbak e Jovaldo de Almeida.

26 SUPER SHOPPING CENTER CIDADE DE COPACABANA
Rua Siqueira Campos, n.º 139, Copacabana.

Atualmente conhecido como "Shopping dos Antiquários", abrange parte das ruas Siqueira Campos e Figueiredo Magalhães. Foi o primeiro a se chamar "shopping", mas na verdade é uma galeria comercial.

O espaço foi projetado em 1958 por Henrique Mindlin, um dos maiores arquitetos da época, parceiro de Affonso Reidy na construção do MAM. Seu layout foge aos padrões regulares da arquitetura:

o prédio tem concepção futurista e foi inaugurado pelo presidente Juscelino Kubitschek, em 1960.

Em 23 de julho de 1961, Clarice lançou *A maçã no escuro* no II Festival do Escritor Brasileiro. Participaram 150 autores de todo o país, acompanhados por vendedores que exercem o papel de padrinhos. Eram personalidades famosas em todos os ramos artísticos que pudessem atrair público. O padrinho de Clarice foi Tom Jobim.

O shopping abrigou nesse período um ponto de cultura de resistência à ditadura militar: o Teatro Opinião, criado após o golpe de 1964 por um grupo de artistas ligados ao Centro Popular de Cultura (CPC) da UNE. Em 1971, foi inaugurado o Teatro Tereza Rachel, outro local importante para as artes cênicas cariocas.

No primeiro andar, encontra-se um comércio mais popular. Já no segundo estão os antiquários, as galerias de arte e o Theatro NetRio (ex-Teatro Tereza Rachel).

27 GEAD (GALERIA)
Rua Siqueira Campos, n.º 18, Copacabana.

Em 29 de novembro de 1963, Clarice autografou nessa galeria a segunda edição de *O lustre* (1946). Estava junto com Ricardo Ramos, filho de Graciliano Ramos, que autografou *Rua Desfeita* (1963), conforme noticiou a coluna "A noite é nossa", de Fernando Lopes. Trata-se de um raro momento em que os cariocas puderam pegar o autógrafo da escritora, pois foram poucas as oportunidades. Não houve noite de autógrafos de *A mulher que matou os peixes* (1968), pois estava programada para a semana em que foi promulgado o decreto do AI-5. A partir dessa época, não foi possível encontrar registros de lançamentos físicos de seus livros.

28 PALÁCIO DA CULTURA
Avenida Nossa Senhora de Copacabana, n.º 605 B, Copacabana. Próximo à esquina da praça Serzedelo Corrêa.

No dia 6 de outubro de 1964, ocorreu a noite de autógrafos da segunda edição de *A cidade sitiada* (1949), de Clarice Lispector, e *Tempo de Arraes*, de Antonio Callado, ambos editados por José Alvaro, Editor, conforme o registro da coluna "Peter" no *Jornal do Brasil* de 2 de outubro de 1964.

João Rui Medeiros, proprietário da J. Álvaro, foi seu editor ao longo dos anos 1960, dividindo com Fernando Sabino e Rubem Braga, da Editora do Autor e, depois, Sabiá, o mérito de não deixar a obra de Clarice na gaveta. Reeditou alguns de seus livros, como *A maçã no escuro* (1961), e descobriu a Clarice escritora de livros infantis quando lhe perguntou se tinha um texto voltado para esse público. Assim foi publicado seu primeiro livro para crianças, *O mistério do coelho pensante* (1967), escrito para o filho caçula, Paulo, em inglês, quando ainda morava em Washington.

29 BANCO NACIONAL (ORIGINALMENTE BANCO NACIONAL DE MINAS GERAIS)

Agência Lido: avenida Nossa Senhora de Copacabana, n.º 387 A, Copacabana. Próximo à rua Inhangá. Atual agência do Banco Itaú.

Clarice Lispector era cliente do Nacional, banco administrado por José Luis de Magalhães Lins, o preferido de artistas e intelectuais por ser um dos maiores incentivadores das artes e da cultura. Enquanto seu tio, Magalhães Pinto, um dos fundadores do banco, se dedicava mais à política, o sobrinho acabou se tornando conselheiro das maiores lideranças políticas e econômicas do país. Principal financiador do Cinema Novo, o banqueiro concedia empréstimos aos artistas a perder de vista. Entre as inúmeras ações realizadas, patrocinou um dos maiores concursos literários do Brasil, o Prêmio Walmap, uma coluna de Nelson Rodrigues em jornal e a fundação do Teatro Santa Rosa, em Ipanema.

Quem conhece o Arquivo Clarice Lispector depositado na Fundação Casa de Rui Barbosa já encontrou, entre seus documentos, frases anotadas em um talão de cheques, por exemplo. Numa simples ida ao banco surgiam momentos de inspiração, como este na folha de cheque do Banco Nacional: "Este livro é um silêncio".

No banco podiam ocorrer também encontros inusitados, como o que teve com um leitor, o ator e também professor Sebastião Lemos. Morando há dois anos no Rio, Seba estava no banco e, ao ver uma mulher com a mão enfaixada e com dificuldades para preencher um cheque, se ofereceu para ajudá-la. Ela aceitou. Depois, se deu conta de que era Clarice Lispector. Mostrou-lhe, então, o livro que carregava (a segunda edição de *A maçã no escuro*). Em outra ocasião, conseguiu o autógrafo da escritora: "Para Sebastião Lemos com votos de felicidade. Clarice Lispector. Rio, 2 de outubro de 1967".

Seba tinha 21 anos, e ao recordar seu encontro com Clarice, sorri: "Ela era muito bonita, sedutora, o jeito de olhar; a boca muito vermelha contrastando com a pele muito branca. A voz grave, pausada". Ao vê-la, ficou quase mudo, mas o seu modo de falar especial incitou-o a perguntar: "Você não é brasileira?". E ela, sorrindo: "As pessoas acham que tenho sotaque. Eu não tenho sotaque. Eu tenho língua presa".

30 HOTEL COPACABANA PALACE
Avenida Atlântica, n.º 1.702, Copacabana.

O salão do cabeleireiro Renault Castanheira ficava no térreo. Segundo Affonso Romano de Sant'Anna, Clarice foi sua cliente (e seu nome consta do caderno de telefones). Não se sabe com que frequência esses encontros aconteciam, já que os serviços do cabeleireiro eram solicitados por mulheres da alta sociedade, com alto poder aquisitivo, como Teresa Souza Campos, Lourdes Catão, Elisinha Moreira Salles, Silvia Amélia Marcondes Ferraz e Regina Rosemburgo.

31 HOTEL OURO VERDE
Avenida Atlântica, n.º 1.456, Copacabana. Atual Hotel Atlântico Praia.

Este edifício foi construído no final dos anos 1940 sob a influência do *art déco*, que predominava na cidade. A escolha do Distrito Federal como sede da Copa do Mundo de 1950 estimulou a ampliação da rede hoteleira na orla de Copacabana.

Seu ponto de atração era o Restaurante Ouro Verde, considerado um dos melhores da cidade até o final dos anos 1980, frequentado por artistas, empresários e políticos. Era lá que Clarice passava a véspera de Natal com Nélida Helena de Meira Gama. Tratava-se de um gesto de solidariedade com a amiga que confessou dormir na noite natalina para não se lembrar dos pais falecidos. Clarice relatou o fato na crônica "Meu Natal", publicada no *Jornal do Brasil* em 21 de dezembro de 1968:

[...] daquele Natal em diante, nós passaríamos parte da noite de 24 juntas, jantando num restaurante. Encontrar-nos-íamos às oito e pouco da noite,

ela veria como os restaurantes estão cheios de pessoas que não têm lar ou ambiente de lar para passar o Natal e o celebram alegremente na rua.

32 ZONA ELEITORAL
Rua Miguel Lemos, n.º 87, Copacabana.

O título de Clarice Lispector era da 5ª zona eleitoral. Ela votava na primeira seção. Foi emitido em 9 de dezembro de 1968 e consta ter votado em 15 de novembro de 1970, 15 de novembro de 1974 e 15 de novembro de 1976.

Cinemas

Segundo Paulo Gurgel Valente, sua mãe frequentava os seguintes cinemas no bairro: Metro Copacabana, Ricamar, Caruso e Paris Palace. Em entrevistas, Clarice lembrou que ia, em média, quatro vezes por semana ao cinema.

O Roxy foi o único cinema de Copacabana citado em uma crônica, "Brasília: esplendor". Siléa Marchi, espécie de governanta e secretária, declarou que Clarice adorava cinema, e ia às terças, quintas, sábados e domingos na sessão das duas da tarde.

Tinha preferência por filmes policiais e de suspense. Nas entrevistas que concedeu ao longo da vida, citou alguns: *Mata, baby, mata* e *O bebê de Rosemary*. Na entrevista ao *Pasquim* em 1974, citou filmes a que assistiu na Europa, como *Laranja mecânica* (na Itália), *O último tango em Paris* (em Londres) e *A comilança* (em Paris).

33 METRO COPACABANA
Avenida Nossa Senhora de Copacabana, n.º 749, Copacabana. Atual loja C&A.

Inaugurado em 1941, marcou época e deixou muitas saudades. Com 1.700 lugares, conquistou a população pelo luxo interior e pelo "clima de montanha" que chegava até a calçada. O cinema foi demolido em 1977, juntamente com seu irmão, o Metro Tijuca.

Para pisar macio nenhum melhor do que o Metro.
(Depoimento de Siléa Marchi em "Sepultamento de Clarice será simples e discreto)

34 RICAMAR
Avenida Nossa Senhora de Copacabana, n.º 360 B, Copacabana. Atual Sala Baden Powell.

Inaugurado em 1º de setembro de 1958, foi desativado em 8 de setembro de 1994. Sua fachada aparece no filme *Todas as mulheres do mundo* (1966), dirigido por Domingos de Oliveira e estrelado por Leila Diniz e Paulo José.

35 CARUSO
Avenida Nossa Senhora de Copacabana, n.º 1.362, Copacabana. Atual agência do Banco Itaú.

Era o cinema preferido de Clarice. Inaugurado em 1954, contava com 867 lugares. Suas maravilhosas poltronas encantavam o público e sua excelente programação arrastava multidões. Localizado no Posto 6, foi um dos cinemas que mais deixou lembranças e saudades nos cariocas. No início dos anos 1970, passou por uma reforma radical, tornando-se símbolo de uma era moderna. Foi demolido em 1984.

> Cinema bom é o Caruso por suas poltronas bem confortáveis. (Depoimento de Siléa Marchi em "Sepultamento de Clarice será simples e discreto")

36 PARIS PALACE / CINEMA 1
Avenida Prado Júnior, n.º 281, Copacabana. Situado entre as ruas Barata Ribeiro e Ministro Viveiros de Castro. Atual Hortifruti.

Era o cinema de Copacabana mais próximo do Leme. Com seiscentos lugares, o Cinema 1 foi fundado e administrado por Alberto Shatovsky entre setembro de 1972 e 1977, no local onde antes funcionava o Cine Paris Palace. Ganhou fama por sua sofisticada seleção de filmes, com a exibição de clássicos ou obras contemporâneas que dificilmente chegavam ao circuito tradicional. Disputava com o Paissandu, no Flamengo, a preferência da intelectualidade carioca. A programação privilegiava o que hoje seria tratado como cinema independente. Em 1998, encerrou suas atividades.

37 ROXY

Avenida Nossa Senhora de Copacabana, n.º 945 A, Copacabana. Esquina com a rua Bolivar.

Um dos últimos cinemas de rua do Rio de Janeiro, foi o único citado por Clarice na crônica "Brasília: esplendor": "No cinema Roxy, no Rio de Janeiro, ouvi duas mulheres gordas dizerem: 'De manhã ela dormia e de noite acordava'".

Inaugurado em 3 de setembro de 1938, tinha 1.771 lugares. Após uma reforma em janeiro de 1991, embora conservado o hall de entrada, o cinema foi dividido em três salas.

Cronologia

1920 | Clarice Lispector, cujo nome original é Haia ("vida", em hebraico), nasce em Tchechelnik, na Ucrânia, em 10 de dezembro. É a terceira filha de Pedro (Pinkouss) e Marieta (Mania) Lispector, russos de origem judaica.

1922 | Clarice chega a Maceió com um ano e três meses, acompanhada dos pais e das irmãs, Elisa (Lea) e Tânia.

1925 | Mudam-se para Recife e residem no Bairro da Boa Vista.

1930 | Morre Marieta Lispector, mãe de Clarice.

1935 | Muda-se com o pai e as irmãs para o Rio de Janeiro. Reside alguns dias no Flamengo, na rua Honório de Barros, acolhida pela família de Samuel Malamud. Muda-se temporariamente para São Cristóvão e fixa residência na Tijuca.

1939-1943 | Cursa a Faculdade Nacional de Direito da Universidade do Brasil, no Centro do Rio de Janeiro.

1940 | Morre Pedro Lispector. Clarice e Elisa mudam-se para a rua Silveira Martins, no Catete. Começa a trabalhar na Agência Nacional como redatora ao lado de Lúcio Cardoso, Antonio Callado e José Condé.

1942 | Começa a trabalhar como repórter no jornal *A Noite*.

1943 | Naturaliza-se brasileira. Casa-se com o colega de faculdade Maury Gurgel Valente em 23 de janeiro. Reside temporariamente na Glória e muda-se para a rua São Clemente, em Botafogo.

1944 | Em janeiro, muda-se para Belém do Pará a fim de acompanhar o marido diplomata. A partir desse ano, passa a residir em diferentes países. Em agosto, muda-se para Nápoles, na Itália.

1946 | Publica *O lustre* (Agir). Em abril, muda-se para Berna, na Suíça.

1948 | Nasce o primeiro filho, Pedro, em 10 de setembro.

1949 | Volta a residir no Rio de Janeiro, onde Maury Gurgel Valente é lotado na Divisão Econômica do Itamaraty. Fixam residência na rua Marquês de Abrantes, no Flamengo.

1950 | Viaja para Torquay, em companhia do filho Pedro, para acompanhar o marido na III Conferência de Comércio e Tarifas. Reside seis meses na Inglaterra.

1951 | Retorna ao Rio e fixa residência no Flamengo, no Edifício Val de Palmas.

1952 | Publica *Alguns contos*, seu primeiro livro de contos editado pelo Ministério da Educação e Saúde, na série Cadernos de Cultura.
Sob o pseudônimo de Teresa Quadros, colabora no semanário *O Comício*, na coluna "Entre Mulheres".
Muda-se para Washington em setembro, onde reside seis anos e dez meses.

1953 | Nasce o segundo filho, Paulo, em 10 de fevereiro.

1959 | Separa-se de Maury Gurgel Valente e retorna definitivamente ao Rio de Janeiro. Fixa residência no Leme, em julho, na rua General Ribeiro da Costa.
Publica contos inéditos na revista *Senhor*. Sob o pseudônimo de Helen Palmer, assina a coluna "Feira de Utilidades" (1959-1960), no *Correio da Manhã*.

1960 | Autografa *Laços de família* na Livraria Eldorado, na avenida Nossa Senhora de Copacabana.
Assina a coluna "Só para Mulheres", no *Diário da Noite*, como *ghost writer* de Ilka Soares.

1961 | Autografa *A maçã no escuro* na Livraria Eldorado, em Copacabana, e no II Festival do Escritor Brasileiro, no Super Shopping Center Copacabana.

1962 | Passa a assinar a coluna "Children's Corner", da seção "Sr. & Cia", na revista *Senhor*.

1964 | Publica, pela Editora do Autor, *A legião estrangeira* (contos/crônicas) e *A paixão segundo G.H.*, cujos editores são Fernando Sabino e Rubem Braga.

1965 | Muda-se para o apartamento 701 da rua Gustavo Sampaio, 88, no Leme.

1966 | Fere-se gravemente num incêndio em seu quarto, sofrendo queimaduras na mão direita e nas pernas. Fica internada na Clínica Pio XII, em Botafogo.

1967 | Lança *O mistério do coelho pensante* (J. Álvaro).

1967-1973 | Mantém uma coluna, aos sábados, no *Jornal do Brasil*.

1968 | Publica entrevistas na seção intitulada "Diálogos Possíveis", na revista *Manchete*.
Publica *A mulher que matou os peixes* (Sabiá).

1969 | Publica *Uma aprendizagem ou o livro dos prazeres* (Sabiá).

1971 | Publica *Felicidade clandestina* (Sabiá).

1973 | Publica *A imitação da Rosa* (contos) e *Água viva* (ficção), ambos pela editora Artenova.

1974 | Publica *A via crucis do corpo* e *Onde estivestes de noite*, ambos pela Editora Artenova, e *A vida íntima de Laura* pela José Olympio.

1975 | Publica *De corpo inteiro* (Artenova), reunião de entrevistas realizadas para a revista *Manchete*, e *Visão do esplendor* (Francisco Alves), seleção de crônicas publicadas no *Jornal do Brasil*.

1976 | Colabora na revista *Fatos e Fotos: Gente*. Em maio, volta a Recife para fazer uma palestra no BANDEPE, por sugestão do jovem escritor pernambucano Augusto Ferraz, que já a visitara em seu apartamento no Leme e com quem se correspondia.

Concede um depoimento ao Museu da Imagem e do Som (MIS) em 20 de outubro de 1976, aos amigos e compadres Affonso Romano de Sant'Anna, Marina Colasanti e ao diretor da instituição, João Salgueiro.

1977 | Colabora no jornal *Última Hora*. Concede, no dia 1º de fevereiro, uma entrevista ao jornalista Júlio Lerner para o programa "Panorama Especial" (TV Cultura). É o único registro audiovisual de Clarice Lispector. No dia 17 de junho, embarca para a Europa com Olga Borelli com o desejo de permanecer um mês. Após uma semana em Paris, decide retornar ao Rio em 24 de junho.
Publica em outubro o seu último livro, *A hora da estrela* (José Olympio). Morre no Hospital da Lagoa, no bairro do Jardim Botânico, às 10h30 do dia 9 de dezembro, na véspera de completar 57 anos.

Referências

DEPOIMENTOS SOBRE CLARICE LISPECTOR E/OU SOBRE O LEME
Os depoimentos foram concedidos à autora entre 1990 e 1995 especialmente para *Eu sou uma pergunta. Uma biografia de Clarice Lispector* (Rocco, 1999).

Adahyl de Matos. Rio de Janeiro, 21 de março de 1995.
Ana Maria Abreu (telefone). São Lourenço (MG), 12 de junho de 2016.
Antônio Bernardo. Rio de Janeiro, Jardim Botânico, 10 de fevereiro de 2014.
Arthur Poerner. Rio de Janeiro, Leme, 15 de novembro de 2011.
Augusto Rodrigues. Rio de Janeiro, largo do Boticário, 21 de agosto de 1990.
Bruno Palma (frei) Rio de Janeiro, Leme, 2 de dezembro de 2015.
Charles dos Santos Faria. Rio de Janeiro, 5 de maio de 2016.
Clarice Magalhães. Rio de Janeiro, Leme, 16 de outubro de 2015.
David Groisman. Rio de Janeiro, Leme, 23 de novembro de 2015.
Edgar Duvivier. Rio de Janeiro, Gávea, 31 de março de 2016.
Eduardo Portella. Rio de Janeiro, Flamengo, 14 de fevereiro de 2014.
Francisco de Assis Barbosa (Chico Barbosa). Rio de Janeiro, Botafogo, 28 de agosto de 1990.
Francisco Nunes (Chicão) Rio de Janeiro, Leme, 19 de fevereiro 2014.
Gilda Murray. São Paulo, 19 de setembro de 2015.
Gilles (João Roberto Pereira). Rio de Janeiro, Leblon, 10 de novembro de 1993.
Heloisa do Abiahy Azevedo. Rio de Janeiro, Leme, 19 de fevereiro de 1990.
Ilka Soares. Rio de Janeiro, 8 de novembro de 1993.
Israel Rosenthal. Rio de Janeiro, Catete, 12 de junho de 2015.
João Gaudard Filho. Rio de Janeiro, Leme, 20 de junho de 2016.
Jorge – Padaria Duque de Caxias. Rio de Janeiro, Leme, 19 de fevereiro de 2014.
José Leôncio Castor Braga (Zé Leôncio). Rio de Janeiro, Leme, 16 de junho de 2016.
José Mario Vairo. Rio de Janeiro, Leme, 28 de julho de 2015.

Leila Richers. Rio de Janeiro, Leme, 2 de abril de 2014.
Lucia Lessa. (telefone) Teresópolis, 6 de junho de 2016.
Lucia Teles. Rio de Janeiro, Leme, 11 de março de 2014.
Marcia Algranti. Teresópolis, 12 de maio de 2012.
Maria Bonomi. (e-mail) São Paulo, 25 de janeiro de 2014.
Maria Perrota Mantelle. Rio de Janeiro, Copacabana, 11 de março de 2013.
Moacir Vicente Pereira. Rio de Janeiro, Copacabana, 2 de julho de 2018.
Nélida Helena de Meira Gama. Rio de Janeiro, Copacabana, 5 de novembro de 1993.
Nélida Piñon. Rio de Janeiro, Barra da Tijuca, 6 de julho de 1994.
Nely Abreu. (telefone) São Lourenço (MG), 11 de junho de 2016.
Olga Borelli. São Paulo, 26 de novembro de 1993.
Omar Resende Peres. Rio de Janeiro, Leme, 1º de novembro de 2013.
Paulo Gurgel Valente. Rio de Janeiro, Leme, 13 de novembro de 2013.
Pedro Bloch. Rio de Janeiro, Copacabana, 4 de novembro de 1993.
Pedro Estevão. Rio de Janeiro, Leme, 28 de julho de 2015.
Pedro Flexa Ribeiro. Rio de Janeiro, Humaitá, 13 de agosto de 2013.
Pedro Lima. Rio de Janeiro, Leme, 3 de dezembro de 2011.
Plínio Loures Senna. Rio de Janeiro, Leme, 11 de setembro de 2015.
Rafael Perrone. Rio de Janeiro, Leme, 20 de junho de 2016.
Rosa Cass. Rio de Janeiro, Flamengo, 7 de dezembro de 1993.
Roque Ricarte. Rio de Janeiro, Jardim Botânico, 3 de junho de 1993.
Ruth Moura. Rio de Janeiro, Leme, 2 de abril de 2014.
Salvador Perrota. Rio de Janeiro, Copacabana, 11 de março de 2014.
Santo Vanzillotta. Rio de Janeiro, Leme, 19 de fevereiro de 2014.
Sebastião Lemos. Rio de Janeiro, Barra da Tijuca, 2 de junho de 2014.
Tânia Kaufman. Rio de Janeiro, Copacabana, 29 de abril de 1993.
Urbano Fabrini. Rio de Janeiro, Copacabana, 19 de maio de 1994.
Zoé Noronha Chagas Freitas. Rio de Janeiro, Ipanema, 14 de junho de 2013.

SOBRE CLARICE LISPECTOR

BORELLI, Olga. *Clarice Lispector: esboço para um possível retrato*. Rio de Janeiro: Nova Fronteira, 1981.
BORELLI, Olga; FRANCO JUNIOR, Arnaldo. Clarice segundo Olga Borelli. *Suplemento Literário de Minas Gerais*. Número especial: "Lembrando Clarice" (org. Nádia Gotlib), n. 1091, 19 dez. 1987, p. 8-9. Entrevista com Olga Borelli por Arnaldo Franco Junior.

CLARICE autografa seu livro, em pé, no balcão da livraria. *Jornal do Brasil*, 7 de agosto de 1960. Revista de Domingo, p. 2

DEZEMBRO sem Clarice. In: MELLO, Maria Amélia (Org.). *Escrita*. São Paulo, ano III, n. 27, 1978, p. 20-24.

GORGA FILHO, Remy. Clarice Lispector: Eu não sou um monstro sagrado. *Revista do livro*, v. 41, n. 1, p. 12-155, abr./jun. 1970.

GOTLIB, Nádia Battella. *Clarice fotobiografia*. São Paulo: EDUSP/Imprensa Oficial do Estado de São Paulo, 2008.

IANNACE, Ricardo. *Retratos em Clarice Lispector: literatura, pintura e fotografia*. Belo Horizonte: UFMG, 2009.

FERNANDES, Hélio. Coluna Fatores e rumores em primeira mão. UR Gente. *Tribuna da Imprensa*, 4 jan. 1974

FERNANDES, Hélio. Coluna Fatores e rumores em primeira mão. UR Gente. *Tribuna da Imprensa*, 8 jan. 1974

LERNER, Julio. *Clarice Lispector, essa desconhecida*. São Paulo: Via Lettera, 2007.

MEIRA, Mauritonio. Clarice não quer se enfeitar com as penas que não sejam suas. *Jornal do Brasil*, 10 jan. 1960. Vida literária, p. 6.

MEIRA, Mauritonio. Clarice volta às editoras. *Jornal do Brasil*, 27 mar. 1960. Vida literária, p. 6.

MONTERO, Teresa. *Eu sou uma pergunta: uma biografia de Clarice Lispector*. Rio de Janeiro: Rocco, 1999.

MULLER, Mariana. No Leme de Clarice Lispector. *O Globo,* Rio de Janeiro, 24 out. 2013, Bairros: Zona Sul. Disponível em: <https://oglobo.globo.com/rio/bairros/no-leme-de-clarice-lispector-10491175 Zona Sul>. Acesso em: 28 jun. 2018.

PONTE PRETA, Stanislaw. Coluna... *Última Hora*, 26 out. 1964.

SANTOS, Joaquim Ferreira. Estátua para Clarice. *O Globo*, Rio de Janeiro, 16 ago. 2012, Segundo Caderno, Coluna Gente Boa, p. 3.

SEPULTAMENTO de Clarice será simples e discreto. *O Globo*, 11 de dezembro de 1977.

SOLBERG, Helena. Os dois mundos de Clarice: livros e filhos. *Diário de notícias*, n. 40, s.d.. Revista Mundo Ilustrado, p. 40

SOUSA, Carlos Mendes de. *Clarice Lispector: pinturas*. Rio de Janeiro: Rocco, 2013.

TUDO pronto para o festival: relação de autores e vendedores. *Jornal do Brasil*, 24 jul. 1960. Primeiro Caderno, p. 6.

VARIN, Claire. *Clarice Lispector: rencontres brésiliennes*. Laval (Quebéc): Éditions Trois, 1987.

DE CLARICE LISPECTOR

LIVROS

A cidade sitiada. Rio de Janeiro: A Noite, 1949.
A descoberta do mundo. Rio de Janeiro: Rocco, 1999.
A hora da estrela. 5. ed. Rio de Janeiro: José Olympio, 1977.
A imitação da rosa. Rio de Janeiro: Artenova, 1973.
A legião estrangeira. Rio de Janeiro: Editora do Autor, 1964.
A maçã no escuro. Rio de Janeiro: Francisco Alves, 1961.
A mulher que matou os peixes. Rio de Janeiro: Sabiá, 1968.
A paixão segundo G.H. Rio de Janeiro: Editora do Autor, 1964.
A via crucis do corpo. Rio de Janeiro: Artenova, 1974.
Água viva. s.l., s.d., 191 fls. Arquivo Clarice Lispector.
Água viva. Rio de Janeiro: Artenova, 1973.
Alguns contos. Rio de Janeiro: Ministério da Educação e Saúde, 1952. (Cadernos de cultura.)
De corpo inteiro. Rio de Janeiro: Artenova, 1975.
Entrevistas (Org. Claire Williams; Preparação de originais e notas biográficas: Teresa Montero). Rio de Janeiro: Rocco, 2007.
Felicidade Clandestina. Rio de Janeiro: Sabiá, 1971.
Laços de família. Rio de Janeiro: Rocco, 2009.
Minhas queridas (Org. Teresa Montero). Rio de Janeiro: Rocco, 2007.
O lustre. Rio de Janeiro: Agir, 1946.
O mistério do coelho pensante. Rio de Janeiro: J. Alvaro, 1967.
Outros escritos (Org. Lícia Manzo e Teresa Montero). Rio de Janeiro: Rocco, 2005.
Perto do coração selvagem. Rio de Janeiro: A Noite, 1943.
Uma aprendizagem ou o livro dos prazeres. Rio de Janeiro: Nova Fronteira, 1982.
Visão do esplendor. Impressões leves. Rio de Janeiro: Francisco Alves, 1975.

CRÔNICAS E OUTROS TEXTOS

A explicação que não explica. *Jornal do Brasil*. 11 out. 1969. Caderno B, p. 2. [Publicado posteriormente em: *A descoberta do mundo*. Rio de Janeiro: Rocco, 1999. p. 238-240.]
A geleia viva como placenta. *A descoberta do mundo*. Rio de Janeiro: Rocco, 1999, p. 444-445.
Adeus, vou-me embora! *Jornal do Brasil*. 20 abr. 1969. Caderno B, p. 2. [Publicado posteriormente em: *A descoberta do mundo*. Rio de Janeiro: Rocco, 1999, p. 95.]

Amor. *Laços de família*. Rio de Janeiro: Rocco, 2009. p. 19-29.
Amor imorredouro. *A descoberta do mundo*. Rio de Janeiro: Rocco, 1999, p. 30.
Ana Luísa, Luciana e um polvo. *Jornal do Brasil*, 23 mar. 1968. Caderno B, p. 2. [Publicado posteriormente em: *A descoberta do mundo*. Rio de Janeiro: Rocco, 1999, p. 86.]
As três experiências. *A descoberta do mundo*. Rio de Janeiro: Rocco, 1999, p.101-102
Augusto Rodrigues. *Jornal do Brasil*, 8 mar. 1969. Caderno B, p. 2.
Bichos (conclusão). *Jornal do Brasil*, 20 mar. 1971. Caderno B, p. 2. [Publicado posteriormente em: *A descoberta do mundo*. Rio de Janeiro: Rocco, 1999, p. 335-337.]
Carta de Clarice a Getúlio Vargas. Rio de Janeiro, 3 jun. 1942. Arquivo Nacional do Rio de Janeiro. In: *Eu sou uma pergunta: uma biografia de Clarice Lispector*. Rio de Janeiro: Rocco, 1999.
Carta sobre Maria Bonomi. *Jornal do Brasil*. 2 out. 1971. Caderno B, p. 2.
Come, meu filho. *A legião estrangeira*. Rio de Janeiro: Editora do Autor, 1964, p. 176-177.
Dicionário. *Jornal do Brasil*. 3 abr. 1971. [Publicado posteriormente em: *A descoberta do mundo*. Rio de Janeiro: Rocco, 1999, p. 340.]
Eu tomo conta do mundo. *Jornal do Brasil*. 4 mar. 1970. Caderno B, p. 2. [Publicado posteriormente em: *A descoberta do mundo*. Rio de Janeiro: Rocco, 1999, p. 275.]
Humberto Franceschi. *Jornal do Brasil*. 27 jun. 1970. Caderno B, p. 2.
Insônia infeliz e feliz. *A descoberta do mundo*. Rio de Janeiro: Rocco, 1999, p. 69.
Lúcio Cardoso. *Jornal do Brasil*. 11 jan. 1968. Caderno B, p. 2. [Publicado posteriormente em: *A descoberta do mundo*. Rio de Janeiro: Rocco, 1999. p. 166-167.]
Meu Natal. *Jornal do Brasil*. 21 dez. 1969. Caderno B, p. 2. [Publicado posteriormente em: *A descoberta do mundo*. Rio de Janeiro: Rocco, 1999, p. 166-167.]
O ato gratuito. *Jornal do Brasil*. 8 abr. 1972. Caderno B, p. 2. [Publicado posteriormente em: *A descoberta do mundo*. Rio de Janeiro: Rocco, 1999, p. 410.]
O grupo. *A descoberta do mundo*. Rio de Janeiro: Rocco, 1999. p. 504-505.
Por falar em banho. *Jornal do Brasil*, 24 abr. 1971. Caderno B, p. 2.
Três encontros que são quatro. *A descoberta do mundo*. Rio de Janeiro: Rocco, 1999, p. 371-372.
Um amor conquistado. *A legião estrangeira*. Rio de Janeiro: Editora do Autor, 1964, p. 200.

Um reino cheio de mistério. *Jornal do Brasil.* 13 out. 1970. Caderno B, p. 2. [Publicado posteriormente em: *A descoberta do mundo.* Rio de Janeiro: Rocco, 1999, p. 317.]

ENTREVISTAS

Clarice. *O Pasquim*, Rio de Janeiro, n. 257, 3 jun. 1974, p. 10-13. Entrevista com Clarice Lispector por Ziraldo, Sergio Augusto, Jaguar, Ivan Lessa, Olga Savary e Nélida Piñon.
Clarice entrevistada. In: MANZO Lícia; MONTERO, Teresa (Orgs.). *Outros escritos.* Rio de Janeiro: Rocco, 2005. Entrevista concedida a Affonso Romano de Sant'Anna, Marina Colasanti e João Salgueiro no Museu da Imagem e do Som em 20 de outubro de 1976.
Clarice Lispector. *Jornal de Letras,* abr. 1972. Entrevista com Clarice Lispector por Sérgio Fonta.

GERAL

ARRUDA, Ana Cristina. *Documentação audiovisual: instrumento de construção da memória da favela do Chapéu Mangueira.* Dissertação (mestrado). UNI-RIO/CCH/PPGMS. Pós-Graduação em Memória Social, 2006.
BANDEIRA, Manuel. A verdade sobre o largo do Boticário. In: BANDEIRA, Manuel; ANDRADE, Carlos Drummond de (Orgs.). *Rio de Janeiro em prosa e verso.* Rio de Janeiro: J. Olympio, 1965. v. 5. p. 152-153.
BARATA, Carlos Eduardo; GASPAR, Claudia Braga. *A fazenda nacional da Lagoa Rodrigo de Freitas.* Rio de Janeiro: Cassará, 2015.
BARATA, Carlos Eduardo; GASPAR, Claudia Braga. *De engenho a Jardim. Memórias históricas do Jardim Botânico.* Rio de Janeiro: Capivara, 2008.
BISHOP, Elizabeth. *Poemas.* Tradução de Paulo Henriques Britto. São Paulo: Companhia das Letras, 1999.
CABRAL, Sérgio. *No tempo de Ari Barroso.* Rio de Janeiro: Lumiar Editora, 1993.
CASTRO, Ruy. *A noite do meu bem: a história e as histórias do samba-canção.* São Paulo: Companhia das Letras, 2015.
CINEMA 1 se firma como reduto da intelectualidade. O Globo, Rio de Janeiro, 3 jul. 2013. Cultura.
COSTA, Maria Ignez Corrêa da. Renault: entre perucas e nomes. In: *Gentíssima. 28 entrevistas.* 2. ed. rev. amp. São Paulo: Ateliê Editorial, 2007.
DUVIVIER, Edgar. *Duvivier, a escultura.* Rio de Janeiro: Imprinta, s/d.

GERSON, Brasil. *História das ruas do Rio (e da sua liderança na história política do Brasil)*. 6. ed. Fixação do texto, introdução, legendas e notas de Alexei Bueno. Rio de Janeiro: Bem-Te-Vi, 2015.

KAMP, Renato. *Leme: o bairro onde moro*. Rio de Janeiro: RKF Produções Culturais Ltda, 2004.

LACERDA, Rodrigo. *Colégio Andrews 90 anos*. Edição Colégio Andrews, 2011.

LESSA, Elsie. *Dama da noite* (crônicas). Rio de Janeiro: José Olympio, 1963.

LAMOUNIER JUNIOR, Gustavo. *Centenário Leme 1840-1994*. Rio de Janeiro: Imprensa Municipal de Artes Gráficas, 1994.

MAGALHÃES, L. E. Catete e Glória ganham APC. *O Globo*, Rio de Janeiro, 24 ago. 2012.

MAYA, Raymundo Ottoni de Castro. *A floresta da Tijuca*. Fotografias de Humberto e José Moraes Franceschi. 2. ed. rev. comen. Biblioteca Rio 450. Rio de Janeiro: Andrea Jakobson Estudio – Museus Castro Maya, 2016.

MUGGIATI, R. O maior revisteiro do Brasil. *Gazeta do Povo*, Rio de Janeiro, 17 ago. 2013.

O'DONNELL, Julia. *A invenção de Copacabana: culturas urbanas e estilos de vida no Rio de Janeiro (1890-1940)*. Rio de Janeiro: Zahar, 2013.

POERNER, Arthur. *Leme: viagem ao fundo da noite*. 2. ed. rev. amp. il. Rio de Janeiro: Booklink, 2009.

RODRIGUES, Augusto. *27 poemas de Augusto Rodrigues*. Recife: Tipografia Marista, 1971.

RODRIGUES, João Barbosa. *Uma lembrança do 1º Centenário, 1808-1908*. Reedição pela passagem do 190º aniversário desta instituição. Rio de Janeiro: Instituto de Pesquisas Jardim Botânico do Rio de Janeiro, 1998.

ROQUETTE-PINTO, Edgar. Frei Leandro, amigo das árvores. In: *Rio de Janeiro em prosa e verso*. BANDEIRA, Manuel; ANDRADE, Carlos Drummond de (Orgs.). Rio de Janeiro: J.Olympio, 1965. v. 5.

ROSE, Lili; AGUIAR, Nelson. *Tijuca de rua em rua*. Rio de Janeiro: Ed. Rio/Universidade Estácio de Sá, 2004.

SANT'ANNA, A. R. de. Clarice 30 anos depois. *Linguagens*, Blumenau, v. 1, n. 1, p. 3-6, jan./abr. 2007.

SILVA, George Batista da Silva. *Telas que se foram. Os antigos cinemas do Rio de Janeiro*. Joinville: Clube de Autores. s/d.

THAUMATURGO, Ivna. *A família de guizos*. Rio de Janeiro: Civilização Brasileira, 1997.

UTZERI, Fritz. *As noites da Fiorentina*. Rio de Janeiro: Panorama Editora, 2003.

VIEIRA, M.; ALVARENGA, T. Copacabana, ano 100. *Veja Rio*, Rio de Janeiro, ano 25, n. 27, p. 13-18, 1º jul. 1992.

NA WEB

SITES

Acervo Aloisio Magalhães. Disponível em: <http://aloisiomagalhaes.org>. Acesso em: 28 jun. 2018.
Associação Brasileira Beneficente de Reabilitação (ABBR). Disponível em: <http://abbr.org.br>. Acesso em: 28 jun. 2018.
Botafogo – Memória histórica. Pesquisa e Redação: Regina Chiaradia. Disponível em: <http://www.amabotafogo.org.br>. Acesso em: 28 jun. 2018.
Cine Paissandu. Disponível em: <http://www.historiadocinemabrasileiro.com.br>. Acesso em: 28 jun. 2018.
Cinema é magia. Disponível em: <http://cinemagia.wordpress.com>. Acesso em: 28 jun. 2018.
Cinema Ricamar. Memórias & Fotos. Disponível em: <http://pt-br.facebook.com/quemteviuquemtv/>. Acesso em: 28 jun. 2018.
Copacabana Demolida – Página no Facebook. Disponível em: <https://pt-br.facebook.com/CopacabanaDemolida/>. Acesso em: 28 jun. 2018.
Dicionário Histórico-Biográfico das Ciências da Saúde no Brasil (1832-1930) – Casa de Oswaldo Cruz (Fiocruz). Disponível em: <http://dichistoriasaude.coc.fiocruz.br>. Acesso em: 28 jun. 2018.
Espaço Aloisio Magalhães. Disponível em: <http://aloisiomagalhaesbr.wordpress.com>. Acesso em: 28 jun. 2018.
Instituto Cultural Barão de Ayuruoca. Ver Plínio Leite. Disponível em: <http://baraodeayuruoca.org>. Acesso em: 28 jun. 2018.
Largo do Boticário – Casa 32. Disponível em: <http://largodoboticario.com.br>. Acesso em: 28 jun. 2018.
Leme antigo (blog de David Groisman). Disponível em: <http://lemeantigo.blogspot.com.br> e <https://pt-br.facebook.com/LemeRioDeJaneiro>. Acesso em: 28 jun. 2018.
Leme, Rio de Janeiro - Página no Facebook. Disponível em: <https://pt-br.facebook.com/LemeRioDeJaneiro/>. Acesso em: 28 jun. 2018.
Marquês de Abrantes. Disponível em: <http://ihgb.org.br>. Acesso em: 28 jun. 2018.
O Parque do Flamengo. Disponível em: <http://institutolotta.org.br>. Acesso em: 28 jun. 2018.

O Rio de Janeiro de Antigamente (blog de Carlos Moraes). Disponível em: <http://oriodeantigamente.blogspot.com.br>. Acesso em: 28 jun. 2018.

Os cinemas e suas memórias. Disponível em: <www.oscinemasesuasmemorias.blogspot.com>. Acesso em: 28 jun. 2018.

Prefeitura do Rio de Janeiro. Disponível em: <http://portalgeo.rio.rj.gov.br/bairroscariocas/index_cidade.htm>. Acesso em: 28 jun. 2018.

TEXTOS

ANDUJAR, Claudia. Clarice, a história de uma foto. Brasília: Espaço f /508 de Fotografia, s.d. Disponível em: <http://f508.com.br/clarice-a-historia-de-uma-foto-por-claudia-andujar/>. Acesso em: 28 jun. 2018.

COSTA, Lucio. Entrevista com Lucio Costa. *Vitruvius*, São Paulo, n. 6, jul. 2015. Entrevista concedida a Giovanna Ortiz de Oliveira. Disponível em: <http://vitruvius.com.br/revistas/read/entrevista/06.023/3313>. Acesso em: 28 jun. 2018.

DECOURT, André. Publicidade do Hotel Ouro Verde, final dos anos 40. *Foi um Rio que Passou*, 13 dez. 2010. Disponível em: <http://www.rioquepassou.com.br/2010/12/13/publicidade-do-hotel-ouro-verde-final-dos-anos-40/>. Acesso em: 28 jun. 2018.

DIAS, Vera. *As histórias dos monumentos do Rio de Janeiro*. Rio de Janeiro, 8 mar. 2018. Disponível em: <www.ashistoriasdosmonumentosdorio.blogspot.com.br>. Acesso em: 28 jun. 2018.

SANTOS, Paulo Henrique. Catálogo de vias do Leme (sobre o Morro do Leme e Urubu). Disponível em: <https://phmontanha.wordpress.com/2012/04/16/relacao-de-vias-do-morro-do-leme-rj/>. Acesso em: 28 jun. 2018.

SANTOS. Priscila Farias. A participação dos freis dominicanos no regime militar brasileiro. *Historiador*, Porto Alegre, v. 2, n. 2, dez. 2009. Disponível em: <http://www.historialivre.com/revistahistoriador/dois/priscila.pdf>. Acesso em: 28 jun. 2018.

SOARES, Jen. Copacabana em muito mais de 100 anos. Disponível em: <http://jensoares.blogspot.com.br/p/copacabana-em-muito-mais-de-100-anos.html>. Acesso em: 28 jun. 2018.

TEIXEIRA, Luiz Guilherme Sodré. Botafogo: história breve do bairro de Botafogo. Rio de Janeiro: Fundação Casa de Rui Barbosa s./d.. Disponível em: <http://www.casaruibarbosa.gov.br/dados/DOC/artigos/o-z/FCRB_LuizGuilhermeSodreTeixeira_Historia_breve_bairro_Botafogo.pdf>. Acesso em: 28 jun. 2018.

ARQUIVOS PÚBLICOS

Fundação Casa de Rui Barbosa/Arquivo-Museu de Literatura Brasileira. – Arquivo Clarice Lispector.
Fundação Biblioteca Nacional – Biblioteca Digital – *Diário Carioca, Diário de Notícias, Jornal do Brasil, Última Hora.*
Instituto Moreira Salles – Rio de Janeiro. Arquivo Clarice Lispector.
Museu da Justiça do Estado do Rio de Janeiro – Serviço de Pesquisas Históricas (Diretoria-Geral de Comunicação e de Difusão do Conhecimento).
Poder Judiciário do Estado do Rio de Janeiro. CCCJ – Centro Cultural do Poder Judiciário.

ACERVOS PARTICULARES

Colégio Andrews – Rio de Janeiro.
Edgar Duvivier - Rio de Janeiro.
Gilda Murray – São Paulo.
Niura Antunes – Rio de Janeiro.

DISCOGRAFIA

ALVARENGA, Ranchinho e Herivelto Martins. *Seu condutor.* Rio de Janeiro: Odeon, 1937. 1 disco sonoro.
DONGA e Mauro de Almeida. *Pelo telefone.* Rio de Janeiro: Casa Edison, 1917. 1 disco sonoro.
MIRANDA, Carmen. *Paris (marchinha Can-Can).* Rio de Janeiro: Odeon, 1938. 1 disco sonoro.
SACHA RUBIN e seu conjunto. *Seven to Seven with Sacha.* Rio de Janeiro: RCA Victor, 1960. 1 disco sonoro.
WALDIR CALMON e seu conjunto. *Uma noite no Arpège (e sua boite).* Rio de Janeiro: Long Play Rádio, 1956. 1 disco sonoro.

AUDIOVISUAL

FIRMINO, Cristiane. (Org.). *Simplesmente Frei Marcos: 10 anos de saudades.* Documentário realizado por paroquianos e amigos do frei junto à equipe de alunos da PUC-Rio. Rio de Janeiro: Núcleo de Audiovisual Babilônia/Chapéu Mangueira, Universidade Católica do Rio de Janeiro, 2002.

Por que *O Rio de Clarice*?

Vera Barroso

Conheci Teresa Montero entrevistando-a sobre Clarice Lispector, em 22 de julho de 2010, para o programa *De Lá Pra Cá,* que o jornalista Ancelmo Gois e eu apresentamos na TV Brasil de 2008 a 2013.

Em 2014, numa manhã de outono carioca (quando o clima é mais ameno e a luz é mais suave), voltamos a nos encontrar no Espaço Clarice Lispector do Jardim Botânico para falar de Teresa e do passeio "O Rio de Clarice". Nossa conversa foi filmada por Gabriel Ghidalevich.

A professora de literatura e teatro, biógrafa de Clarice Lispector, organizadora de várias antologias da escritora, tornou-se também uma bem-sucedida empreendedora cultural com o passeio "O Rio de Clarice", que deu origem ao projeto "Caminhos da Arte no Rio de Janeiro". Eu queria saber onde e como tudo começara, já que a entrevista seria o posfácio deste livro.

Todo bom empreendedor é movido a sonhos, e sua tarefa é transformar ideias em realidade. Além da divulgação da vida e obra de Clarice Lispector, Teresa também quer espalhar pelo Rio de Janeiro mais cidadania, educação e memória. Ela vem trabalhando para isso com determinação e empenho. "O Rio de Clarice", o projeto "Caminhos da Arte" e agora este livro são exemplos da importância dos sonhos de Teresa.

A leitora e a biógrafa

Vera Barroso — *Teresa, você sempre leu, sempre gostou de Clarice?*
Teresa Montero — Quando eu tinha quinze anos, a professora de língua portuguesa deu, em classe, um texto que era "Os laços de família". Eu não tinha a menor ideia de quem era Clarice Lispector. Senti um estranhamento... Era a história de uma mãe e de uma filha, mas era um relacionamento totalmente distanciado. A relação com a minha mãe tinha sido tão maravilhosa que eu pensei: como pode uma mãe e uma filha se relacionarem dessa maneira?

Aquilo ficou em mim. Em 1981, fui assistir ao show da Maria Bethânia, que eu adoro, no Teatro da Praia. Ela declamou textos da Clarice Lispector e do Fernando Pessoa. Aí eu fiquei pensando: "Eu tenho que ler a obra dessa mulher, eu tenho que ler a obra toda dessa mulher".

Paralelamente ao encantamento com Maria Bethânia dizendo Clarice nesse espetáculo maravilhoso — *Estranha forma de vida* — dirigido pelo Fauzi Arap, assim que eu ingressei na Faculdade de Letras a professora de filosofia, Tania Marinho, trabalhou um trecho de *A paixão segundo G. H.* Juntou aquela lembrança da adolescente que não sabia quem era Clarice Lispector com a referência da Bethânia, que tinha sido uma coisa muito forte. Eu considero que a Bethânia foi quem, antes da faculdade, me apresentou a Clarice Lispector.

Durante os anos 1980, fui lendo Clarice até chegar à biografia. *Esboço para um possível retrato* (1981), de Olga Borelli, também aguçou a minha curiosidade. Toda a minha aproximação de Clarice se deu por etapas. Para chegar à biografia foi uma coisa assim: a leitora queria saber quem era aquela mulher. Como é que existe alguém capaz de escrever daquela maneira? Aí, eu ousadamente disse: "Eu quero escrever a biografia dessa mulher".

Dois anos antes de entrar para o mestrado eu já tinha começado a levantar dados sobre a vida de Clarice. Ligava para as pessoas, me apresentava, e me recebiam maravilhosamente bem, todo mundo; me lembro que a escritora Nélida Piñon falou assim: "Você vai ter que ser muito determinada pra fazer esse trabalho".

Nasce "O Rio de Clarice"

Vera Barroso — *Por isso você escolheu ir pelo lado concreto da Clarice? Eu queria que você estabelecesse um link entre "O Rio de Clarice" e a Clarice.*
Teresa Montero — Foi pela minha relação com a cidade. Antes de mais nada, foi a insatisfação da professora que se perguntava por que o professor tem que dar aula dentro de uma sala. Sou professora universitária. A insatisfação começou aí, mas a inspiração para esse projeto foi quando eu estava atuando na peça *Dona Rosita, a solteira*, traduzida por Drummond, produção da Casa da Gávea, idealizada pela atriz Cristina Pereira.

Fomos a Itabira fazer *Dona Rosita* – um texto maravilhoso de García Lorca – na Fundação Carlos Drummond de Andrade, e lá tem os Caminhos Drummondianos. Chama-se Museu de Território Caminhos Drummondianos. Passeava-se pela cidade e cada lugar era sinalizado com placas. Ora você tinha um poema de Drummond, ora você tinha simplesmente uma referência: "Aqui viveu o avô de Drummond". Guardei isso comigo durante oito anos. E aí, um dia, aquilo já estava me incomodando, eu falei: "Vou começar a fazer esse passeio no Rio, com Clarice".

Criei um e-mail, pedi a ajuda de algumas pessoas e fiz o primeiro passeio com o roteiro completo, porque esse passeio acontece em dois formatos: pode ser num ônibus (que é o roteiro completo em sete bairros: Tijuca, Centro, Botafogo, Catete, Cosme Velho, Jardim Botânico e Leme) ou pode acontecer a pé (só aqui no Jardim Botânico, por exemplo). Eu falo da vida, da obra, e falo do lugar onde estou. O passeio vai além da Clarice. O passeio não é só a propósito da Clarice – é a propósito da cidade.

Vera Barroso – *Quer dizer que de 2000 a 2008 você amadureceu a ideia, escolheu os textos...*

Teresa Montero – Criei o roteiro, elegi alguns lugares. Poderia ter inserido outros bairros, mas achei que os do roteiro retratam bem o percurso dela. Queria deixar bem marcado que não é somente para falar de Clarice Lispector, até porque o passeio originou o projeto "Caminhos da Arte no Rio de Janeiro": passeamos pela cidade através do olhar dos artistas que viveram aqui. Criei também "O Rio de Carmen Miranda", em 2012. Minha ideia é criar os caminhos na área da dança, do cinema, das artes plásticas, do teatro.

Vera Barroso – *Você foi conhecendo mais o Rio e mais Clarice.*

Teresa Montero – Porque o passeio propicia isso: você entra em contato com a cidade de uma forma muito direta, você sente os cheiros, você escuta os sons. É uma espécie de pedagogia dos sentidos. Leva a olhar o Rio de outra maneira, desperta o desejo de cuidar da cidade.

Vera Barroso – *O primeiro passeio foi um sucesso imediato? Quantas pessoas foram?*

Teresa Montero – Foi um sucesso, mas cheio de obstáculos. Aluguei um ônibus, marinheira de primeira viagem, o ônibus quebrou, não chegou no horário. Tivemos que esperar durante uma hora. Eram catorze pessoas. Foi um sucesso, todo mundo querendo fazer, mas era um micro-ônibus. Saímos do Centro do Rio com chuva. Quando cheguei aqui no Jardim Botânico (há até uma foto), começou aquela chuvinha fininha. Fiz, falei, a gente estava aqui, no lago Frei Leandro. Olha só quantos obstáculos eu tive que enfrentar.

As conquistas

Vera Barroso – *E quantos passeios você já fez?*

Teresa Montero – Muitos, e as conquistas... Uma delas é esse espaço onde nós estamos. Isso aqui pra mim era absolutamente impossível de acontecer. O Jardim Botânico tem 206 anos. Todo mundo sabe a importância que o Jardim tem para o Brasil, para a cidade. Comecei a fazer o passeio aqui e um dia procurei a direção: "Por que não sinalizamos (aquela ideia do Drummond em Itabira) uma parte do Jardim Botânico mostrando os Caminhos de Clarice Lispector com uma placa? Vou trazer os textos da Clarice pra vocês lerem". Aí o Rodrigo Guardatti, chefe de gabinete do então presidente Liszt Vieira, um dia me ligou: "Teresa, foi aprovado".

Vera Barroso — *Ou seja, Clarice Lispector abre portas.*
Teresa Montero — Ela abre portas, essa mulher tem uma coisa mágica. O que ela toca abre os caminhos. Ela abriu os caminhos da minha vida, não vai abrir os caminhos das outras pessoas?

Vera Barroso — *Em todos os seus passeios você lê textos. Uma vez, você me convidou para ler o trecho de um conto. Você convida sempre alguém para participar?*
Teresa Montero — O passeio é aberto, sempre posso acrescentar coisas, mas tem que ter o texto. O passeio pode ter simplesmente eu guiando e lendo, mas posso, também, dar o texto para o público ler. Sempre tem alguém que quer ler.

E há, também, os convidados especialistas em determinados temas. O passeio está muito ligado à relação com a cidade. Ao falar da Clarice Lispector no Rio, deve-se falar de temas como artes, educação, patrimônio e meio-ambiente.

Vera Barroso — *Você tem algum apoio do poder público ou você cobra pelos passeios?*
Teresa Montero — Alguns passeios têm uma taxa, outros são gratuitos. Sonho poder me dedicar exclusivamente a esse projeto.

Vera Barroso — *Uma vez sugeri que você fizesse um programa de televisão e você me disse que preferia a internet, que o futuro da comunicação é a internet. Você construiu um site, não foi?*
Teresa Montero — Sim, chama-se "O Rio de Clarice Lispector" (www.oriodeclaricelispector.com.br). Se você fez o passeio, ou mesmo que não o tenha feito, basta entrar no site para ter uma noção geral do

que é o projeto. Tem fotos e também uma parte que eu chamo de "pesquisa", isso complementa o que é debatido nos passeios. Também há textos e vídeos ligados aos temas artes, educação, patrimônio e meio-ambiente.

No site, você encontra referências e links. Referências a programas de televisão que têm a ver com o que eu faço. Sites de determinadas pessoas que têm uma ligação com o assunto. Pode ser o site oficial da Clarice Lispector, da editora Rocco ou o do Instituto Moreira Salles; pode ser o site da Maria Bonomi, uma artista que pensa a cidade; ou pode ser o site da Lygia Clark. Quando você passeia pelo site, também pode ir por esses outros caminhos.

Agradecimentos

Todo projeto tem suas fontes de inspiração, e o passeio "O Rio de Clarice" nutre-se dos ideais de cidadãos que se dedicaram de corpo e alma às suas áreas de trabalho no Rio de Janeiro. Com eles, aprendi que os idealistas no Brasil suportam uma grande dose de sacrifício e incompreensão; no entanto, deixam um legado inspirador que gera um país mais solidário e criativo.

A eles, minha admiração. No campo da educação e das ciências sociais: Anísio Teixeira, Augusto Rodrigues, Darcy Ribeiro, Helena Antipoff, Nise da Silveira, Rosiska Darcy de Oliveira e os integrantes da Escolinha de Arte do Brasil. No campo do patrimônio: Gustavo Barroso e Mário de Andrade. Nas artes: Abdias do Nascimento, Angel Vianna, Chica Xavier, Dulcina de Moraes, Ilo Krugli, Klauss Vianna, Maria Clara Machado, Nara Leão, Paschoal Carlos Magno, Tom Jobim e Vinicius de Moraes. No campo da religião e da ação social: frei Marcos Mendes de Faria, Dom Hélder Câmara, Herbert de Souza (o Betinho) e Renné Delorme.

A Paulo Gurgel Valente, pelo estímulo e pela confiança depositada no meu trabalho para que eu prosseguisse nesses árduos e prazerosos Caminhos Claricianos.

Aos que me concederam, generosamente, depoimentos sobre Clarice Lispector e o Leme: sem vocês este livro não seria possível.

À Vera Barroso, minha entrevistadora predileta, pelo posfácio-entrevista e por me acompanhar com sua varinha de condão nos caminhos deste livro e de "O Rio de Clarice".

Àqueles que estão bem perto de "O Rio de Clarice" com amizade: Nídia Ferreira, Taciana Oliveira, Aline Montenegro, Romney Lima, Cristina Pereira, Gabriela Lírio, Daniela Versiani, Ricardo Quintana e Regina Souza Vieira.

À Maria Amélia Mello, editora-guardiã de nossa memória literária, por transformar "O Rio de Clarice" em livro.

A toda a equipe do Grupo Autêntica, pelo trabalho afetuoso na edição desse livro.

Aos parceiros institucionais dessa primeira fase de "O Rio de Clarice" (2008-2018), que preservam a memória de nossa cidade e desenvolvem trabalhos de cunho educativo: Jardim Botânico do Rio de Janeiro, Associação de Amigos do Jardim Botânico (AAJB), História Através da Música, Museu da República, Museu Histórico Nacional e o Projeto Brasileirinho, da professora Vânia Aparecida Corrêa Pinto.

E, em especial, a este parceiro, o projeto social No Palco da Vida, idealizado e dirigido por Wal Schneider e coordenado por sua equipe: Caio Costa, Sylvia Mariano, Vitor Abreu e Will Dubrok, por terem participado dos passeios com afeto e performances memoráveis.

À Pronto Design, de Barbara Estrada e Igor Taam, e a Thiago Silveira, pelo apoio generoso ao site e ao projeto gráfico de "O Rio de Clarice".

Ao Arquivo-Museu de Literatura Brasileira, da Fundação Casa de Rui Barbosa, um sonho drummondiano dirigido por Rosângela Florido Rangel e sua equipe.

A Rodrigo Guardatti, Guido Gelli, Antônio Bernardo, Paulo Gurgel Valente e Paulo Rocco, por unirem-se ao "O Rio de Clarice" na criação do "Espaço Clarice Lispector".

À Zezé Motta, patrimônio do Leme, por abrir as portas de seu apartamento na Gustavo Sampaio (outrora pertencente à Clarice) e propiciar o encontro que resultaria na campanha por uma estátua da escritora.

A Beth Goulart, Mariana Muller e Niura Antunes, parceiras e aliadas na idealização da campanha pela estátua. Seja em ações públicas (Beth como madrinha da campanha), ou em ações no bairro do Leme, como fizeram Mariana e Niura. E a todos os leitores que disseram "sim" nos abaixo-assinados e na compra das maquetes sinalizando o Leme como um caminho clariciano.

Ao escultor Edgar Duvivier (e à sua cadela Alva, *in memoriam*, sua inspiração para esculpir Ulisses), por este presente para a cidade, por se manter perseverante nas áridas etapas para eternizar em bronze Clarice Lispector e seu cão Ulisses; e a toda a equipe da fundição de Rogério Silva de Oliveira, que o auxiliou nas etapas de fundição e acabamento das estátuas: Charles dos Santos (formato em cera); Dejair (fusão em bronze); Luiz (fundição no forno); Joilres, o "Nego", Sebastião Julio, o "Maguila", e Josias Cardoso de Oliveira (acabamento da escultura, isto é, a fixação de cada parte do corpo da estátua e seu polimento). E, também, aos auxiliares de serviços gerais José Fernandes e Antonio Carlos, que fixaram as estátuas no Caminho dos Pescadores. E à Vera Dias (da SECONSERVA) pelo apoio afetuoso e incondicional.

A Edgar Duvivier, pai, *in memoriam*, por transmitir a arte de esculpir ao filho Edgar, possibilitando que ele cumprisse o destino de dar vida a Clarice e Ulisses em bronze, nas terras do Leme, outrora pertencentes ao seu avô Theodoro Duvivier e a Otto Simon.

A Omar Resende Peres, por abrir as portas do restaurante La Fiorentina, ponto de partida de inúmeros passeios. E pela sugestão de sinalizar o caminho clariciano no Leme não com uma placa na Fiorentina (como eu havia solicitado), mas com uma estátua de Clarice ao lado de Ary Barroso. Um desejo adormecido, mas concretizado graças aos leitores claricianos que financiaram o monumento.

À Escola Municipal Santo Tomás de Aquino, no Leme: aos alunos, à diretora Barbara Belanga e à professora Leila de Lima, por receberem "O Rio de Clarice" com alegria.

À Ruth Moura, minha madrinha no Leme, por estar ao meu lado pelos laços da fé. E aos seus filhos, os queridos Leila Richers e Luiz Virgilio Castro de Moura.

Minha gratidão a todos, seja participando dos passeios como convidados e ouvintes, seja me ajudando com palavras de incentivo, ações solidárias e com a divulgação desse projeto. A lista é extensa, quero deixar registrado em ordem alfabética:

Agradeço a Adriana Sardinha, Alba Regina Tavares, Aloísio de Abreu, Ana Cristina Pujol, André Gravatá, Anderson Cunha, Antonio de Brito, Agatha Cris, Agatha Desmond, Armando Freitas, Arthur Poerner, Babi Teixeira, Bianca Ramoneda, Breno Lira Gomes, Carmen Belmont, Cecília Freitas, Cintia Borges, Cleo Guimarães, Cristiane Firmino, Christina Ohana, Crica Rodrigues, Dayse Justus, Fátima Gomes, Gabriel Cerqueira, Gabriel Guidalevich, Isabel Miranda, Jaqueline Xavier, Joaquim Ferreira dos Santos, José Alfredo Galvão, Julio Lellis, Lícia Manzo, Luiz Ferreira, Luiz Serrenho, Lucia Pacheco, Lucia Pires, Malu Mader, Marcê Porena, Maria Bonomi, Maria Dolores Coni Campos, Marcia Algranti, Marcia Mellos, Mariana Zogby, Mariela Méndez, Melise Maia, Nicole Algranti, Orlando Miranda, Paula Cajaty, Pierina Morais, Pedro Karp Vasquez, Pina Coco, Regina Raso Bastos, Rejane Machado, Renata Figueiredo, Sacha Rodrigues, Sandra Lapeiz, Sérgio Fonta, Simone Magno, Susanna Kruger, Telma Galino, Thais Lima Rodrigues (*in memoriam*), Vânia Abreu de Figueiredo, Victor Meirelles e Wander Lourenço.

E por fim, mas não por último, agradeço à minha amada família Montero Ferreira: Ana Paula, Antônio Roberto, Sofia, Gabriel, Eduardo, Geraldo Magella, Miguel, Marcelo e Jacqueline. E aos queridos tios e tias: Aparecida, Dininha, Laurinda, Laisse, Lourinha, Lourdes, Ieda, Judith, Dario, Júlio César, Roberto e Zezé; aos primos: Ana Claudia, Ana Lúcia, Cristina, Lilian, Márcia, Sônia, Betinho, Julinho, Mário Ricardo, Márcio, Renato, Rogério e Sérgio.

E aos meus gatos, fontes de sabedoria. À Latifa e, *in memoriam*, Rajada, Guigui e Palatino.

CAPA
Paulo e Clarice na praia do Leme. Década de 1960. Foto: Arquivo-Museu de Literatura Brasileira da Fundação Casa de Rui Barbosa | Arquivo Clarice Lispector.

VERSO DA CAPA
Explosão (1975), pintura de Clarice Lispector. Foto: Arquivo-Museu de Literatura Brasileira da Fundação Casa de Rui Barbosa | Arquivo Clarice Lispector.

MAPAS
© contribuidores do OpenStreetMap

PÁGINAS DE ABERTURA
p. 1 – Clarice na praia de Copacabana, na altura da rua Duvivier, onde moravam seus sogros. Ao fundo, o Copacabana Palace. Década de 1940. Foto: Arquivo-Museu de Literatura Brasileira da Fundação Casa de Rui Barbosa | Arquivo Clarice Lispector.
p. 2 e 3 – Orla da avenida Atlântica vista do Caminho dos Pescadores Ted Boy Marino, no Leme. Foto: Daniel Ramalho.
p. 4 – Clarice e seu filho Paulo na rua Gustavo Sampaio, no Leme. Década de 1960. Foto: Arquivo-Museu de Literatura Brasileira da Fundação Casa de Rui Barbosa | Arquivo Clarice Lispector.
p. 8 – Calçadão da avenida Atlântica projetado por Roberto Burle Marx. Foto: Daniel Ramalho.
p. 10 e 11 – Da esquerda para a direita: Paulo, Clarice, Lucinda Martins e Pedro na praia do Leme. Década de 1960. Foto: Arquivo-Museu de Literatura Brasileira da Fundação Casa de Rui Barbosa | Arquivo Clarice Lispector.

TIJUCA
p. 14 e 15 – Restaurante dos Esquilos, na Floresta da Tijuca. Foto: Daniel Ramalho.
p. 16 e 17 – Açude da Solidão, na Floresta da Tijuca. Foto: Daniel Ramalho.
p. 18 – Clarice no álbum de formatura do curso ginasial do Colégio Sylvio Leite (1936). Foto: Arquivo-Museu de Literatura Brasileira da Fundação Casa de Rui Barbosa | Arquivo Clarice Lispector.
p. 27 – Clarice na vila onde residiu na rua Lúcio de Mendonça, 36 B. Década de 1930. Foto: Arquivo-Museu de Literatura Brasileira da Fundação Casa de Rui Barbosa | Arquivo Clarice Lispector.

CENTRO
p. 30 e 31 – Vista geral do cais do porto do Rio de Janeiro. Foto: Acervo da Fundação Biblioteca Nacional – Brasil.
p. 32 – Edifício A Noite, na praça Mauá. Década de 1930. Foto: Acervo da Fundação Biblioteca Nacional – Brasil.

CATETE
p. 44 – Casa de Saúde São Sebastião, na rua Bento Lisboa. Foto: Daniel Ramalho.
p. 45 – Vila Saavedra, na rua Silveira Martins. Fotos: Daniel Ramalho.
p. 46 e 47 – Palácio do Catete, atual Museu da República. Foto: Daniel Ramalho.
p. 48 – Prédio, hoje desativado, da antiga Faculdade Nacional de Direito. Foto: Daniel Ramalho.

BOTAFOGO
p. 56 e 57 – Casa de Rui Barbosa, na rua São Clemente. Nos fundos deste terreno está localizada a sede da Fundação Casa de Rui Barbosa que abriga o Arquivo Clarice Lispector no Arquivo-Museu de Literatura Brasileira. Foto: Daniel Ramalho.
p. 58 e 59 – Praia Vermelha, na Urca. Década de 1930. Foto: Acervo da Fundação Biblioteca Nacional – Brasil.
p. 60 – Fachada do Colégio Andrews. Foto: Acervo do Colégio Andrews.
p. 65 – Cartão enviado por Clarice a Paulo Mendes Campos. Foto: Instituto Moreira Salles | Acervo Paulo Mendes Campos.
p. 71 – Edifício Santa Alice, na rua Marquês de Abrantes, Flamengo. Uma das residências de Clarice no Rio. Foto: Daniel Ramalho.

COSME VELHO
p. 74 – Largo do Boticário. Foto: Divulgação do documentário a *Descoberta do Mundo* (2015), de Taciana Oliveira.

JARDIM BOTÂNICO
p. 82, 83 e 84 – Aleia Barbosa Rodrigues, no Jardim Botânico. Foto: Daniel Ramalho.
p. 85 – Lago Frei Leandro ou Lago das Vitórias-Régias, no Jardim Botânico. Foto: Daniel Ramalho.
p. 86 – Espaço Clarice Lispector, no Jardim Botânico. Foto: Daniel Ramalho.
p. 87 – Associação Brasileira Beneficente de Reabilitação (ABBR). Foto: Daniel Ramalho.
p. 88 – Hospital da Lagoa. Foto: Daniel Ramalho.

LEME
p. 98 e 99 – Caminhos Claricianos nas ruas do Leme. Foto: Daniel Ramalho.
p. 100 – Placa colocada no Edifício Macedo, onde Clarice morou entre os anos 1965 e 1977, por iniciativa da Associação dos Leitores e Amigos de Clarice Lispector (ALACL), fundada por Rachel Gutiérrez e Ester Schwartz, em 1994. Foto: Daniel Ramalho.
p. 101 – Edifício Macedo. Foto: Daniel Ramalho.
p. 102 e 103 – Clarice e Ulisses no apartamento da Gustavo Sampaio. Década de 1970. Foto: Arquivo-Museu de Literatura Brasileira da Fundação Casa de Rui Barbosa | Arquivo Clarice Lispector.
p. 104 e 105 – Clarice e Paulo na rua Aurelino Leal. Ao fundo, a banca de jornal de Fausto Mantelli. Década de 1960. Foto: Arquivo-Museu de Literatura Brasileira da Fundação Casa de Rui Barbosa | Arquivo Clarice Lispector.
p. 106 – Clarice e Paulo em frente à quitanda na rua Gustavo Sampaio, na esquina com a rua Anchieta. Década de 1960. Foto: Arquivo-Museu de Literatura Brasileira da Fundação Casa de Rui Barbosa | Arquivo Clarice Lispector.
p. 107 – Igreja Nossa Senhora do Rosário, na rua General Ribeiro da Costa. Foto: Daniel Ramalho.
p. 108 e 109 – Restaurante La Fiorentina. Foto: Daniel Ramalho.
p. 110 – Edifício Maracati. Foto: Daniel Ramalho.
p. 111 – Clarice no apartamento da Gustavo Sampaio. Década de 1970. Na época, via-se a Pedra do Leme. Atualmente, está encoberta pelo edifício Dra. Regina Feigl. Foto: Arquivo-Museu de Literatura Brasileira da Fundação Casa de Rui Barbosa | Arquivo Clarice Lispector.
p. 112 e 113 – Estátua de Clarice e seu cão Ulisses, localizada no Caminho dos Pescadores Ted Boy Marino. Foto: Daniel Ramalho.
p. 114 – Edifício Visconde de Pelotas, na rua General Ribeiro da Costa. Foto: Daniel Ramalho.
p. 162 – Clarice no álbum de formatura do curso de Direito da Universidade do Brasil, em 1943. Foto: Arquivo-Museu de Literatura Brasileira da Fundação Casa de Rui Barbosa | Arquivo Clarice Lispector.
p. 177 – Clarice no seu apartamento na rua General Ribeiro da Costa. Década de 1960. Foto: Arquivo-Museu de Literatura Brasileira da Fundação Casa de Rui Barbosa | Arquivo Clarice Lispector.
p. 189 – Clarice e o filho Pedro na praia de Copacabana, na altura da rua Duvivier, onde moravam seus sogros. Ao fundo, o Copacabana Palace. Final da década de 1940. Foto: Arquivo-Museu de Literatura Brasileira da Fundação Casa de Rui Barbosa | Arquivo Clarice Lispector.

Copyright © 2018 Teresa Montero
Copyright dos trechos da obra e imagem de Clarice Lispector © Herdeiros de Clarice Lispector
Copyright © 2018 Autêntica Editora

Todos os direitos reservados pela Autêntica Editora. Nenhuma parte desta publicação poderá ser reproduzida, seja por meios mecânicos, eletrônicos, seja via cópia xerográfica, sem a autorização prévia da Editora.

A Editora agradece ao Arquivo-Museu de Literatura Brasileira da Fundação Casa de Rui Barbosa pelas imagens gentilmente cedidas para esta edição.

EDITORA RESPONSÁVEL
Maria Amélia Mello

EDITORA ASSISTENTE
Rafaela Lamas

PREPARAÇÃO DE TEXTO
Leny Cordeiro

REVISÃO
Cecília Martins
Mariana Faria
Samira Vilela

PROJETO GRÁFICO
Diogo Droschi

DIAGRAMAÇÃO
Waldênia Alvarenga

FOTOGRAFIAS E REPRODUÇÕES
Daniel Ramalho

Dados Internacionais de Catalogação na Publicação (CIP)
(Câmara Brasileira do Livro, SP, Brasil)

Montero, Teresa
  O Rio de Clarice / Teresa Montero. -- 1. ed.; 1. reimp. -- Belo Horizonte : Autêntica Editora, 2019.

  ISBN 978-85-513-0412-9

  1. Cultura - Rio de Janeiro (RJ) 2. Fotografia - Rio de Janeiro (RJ) 3. Lispector, Clarice, 1920-1977 4. Memórias 5. Rio de Janeiro (Brasil) - História 6. Rio de Janeiro (RJ) - Mapas turísticos 7. Turismo na literatura I. Título.

18-18077   CDD-918.153

Índices para catálogo sistemático:
1. Lispector, Clarice : Rio de Janeiro : Cidade : Guia de viagem 918.153

Iolanda Rodrigues Biode - Bibliotecária - CRB-8/10014

Belo Horizonte
Rua Carlos Turner, 420
Silveira . 31140-520
Belo Horizonte . MG
Tel.: (55 31) 3465 4500

São Paulo
Av. Paulista, 2.073 . Conjunto Nacional . Horsa I
23º andar . Conj. 2310-2312 . Cerqueira César
01311-940 . São Paulo . SP
Tel.: (55 11) 3034 4468

www.grupoautentica.com.br

Este livro foi composto com
as tipografias Bembo e DIN.
Impresso em Off-White 90g/m²
na Formato Artes Gráficas